DIREITO
DO TRABALHO

organização **LEONARDO CASTRO**

série manuais de direito

JULIANA
GOBASI

CASA DO
DIREITO

Diretor Editorial Gustavo Abreu
Diretor Administrativo Júnior Gaudereto
Diretor Financeiro Cláudio Macedo
Logística Daniel Abreu e Vinícius Santiago
Comunicação e Marketing Carol Pires
Assistente Editorial Matteos Moreno e Maria Eduarda Paixão
Designer Editorial Gustavo Zeferino e Luís Otávio Ferreira
Organizador Leonardo Castro
Coordenador Editorial Marcelo Hugo da Rocha

Dados Internacionais de Catalogação na Publicação (CIP)
Bibliotecária Juliana da Silva Mauro – CRB6/3684

G574d   Gobasi, Juliana
Direito do trabalho / Juliana Gobasi ; organizado por Leonardo
Castro. - Belo Horizonte : Letramento, 2023.
162 p. : il. ; 23 cm. - (Série Manuais de Direito)
Inclui bibliografia.
ISBN 978-65-5932-318-0
1. Direito do trabalho. 2. Relação de emprego. 3. Contratos de trabalho. 4. Jornada de trabalho.
5. Jornada de trabalho. 6. Rescisão contratual. I. Castro, Leonardo. II. Título. III. Série.
CDU: 349.2   CDD: 344

Índices para catálogo sistemático:
1. Direito do trabalho 349.2
2. Direito trabalhista 344

GRUPO ED. LETRAMENTO

LETRAMENTO EDITORA E LIVRARIA
Caixa Postal 3242 – CEP 30.130-972
r. José Maria Rosemburg, n. 75, b. Ouro Preto
CEP 31.340-080 – Belo Horizonte / MG
Telefone 31 3327-5771

CASA DO DIREITO

É O SELO JURÍDICO DO
GRUPO EDITORIAL LETRAMENTO

APRESENTAÇÃO

De acordo com um dos dicionários online mais populares, o Dicio, *manual* compreende um "compêndio, livro pequeno que encerra os conhecimentos básicos de uma ciência, uma técnica, um ofício". A escolha do nome da série, portanto, não foi aleatório, ao contrário, traz em cada um dos volumes a premissa de apresentar um conteúdo mínimo, sem ser superficial, que todo o acadêmico de Direito precisa saber sobre as temáticas apresentadas.

A experiência editorial que nos cabe, depois de publicar mais de 100 livros jurídicos, aponta que o leitor nunca esteve tão interessado a consultar um material objetivo, didático, sem muita enrolação e que memorize as informações desde da primeira leitura. Ninguém deseja desperdiçar tempo com o irrelevante, não é? A partir deste contexto, reunimos professores especialistas em suas áreas e com muita prática em sala de aula para que os principais e mais relevantes temas estejam bem explicados nestas páginas.

A série não foi pensada, exclusivamente, para quem deseja enfrentar provas da OAB e de concursos, mas que preparasse para qualquer desafio que fosse levado pelo seu leitor, seja em seleções, seja em avaliações na faculdade. Com a organização do experiente professor Leonardo Castro, a **Série Manuais** promete um aprendizado além de sinopses e resumos. Bons estudos!

MARCELO HUGO DA ROCHA

Coordenador editorial.

Agradeço primeiramente à Deus, por tantas bênçãos, oportunidades e realizações extraordinárias em todos os anos de minha vida.

Agradeço infinitamente ao papai e à mamãe, Claudinei e Mirtes, pelo amor incondicional, pelo incentivo aos estudos e pelos esforços constantes. Sou o que sou, graças a eles.

Ao Walter Pieroni, pelo amor e companheirismo inestimável de sempre.

Ao Ilustre Professor Leonardo Castro, por conceder a oportunidade da realização de um grande sonho antigo.

LISTA DE ABREVIATURAS

AC	Ação Cautelar
Ac.	Acórdão
ACi	Apelação Cível
ADC	Ação Declaratória de Constitucionalidade
ADCT	Ato das Disposições Constitucionais Transitórias
ADI	Ação Direta de Inconstitucionalidade
ADPF	Arguição de Descumprimento de Preceito Fundamental
AgR	Agravo Regimental
AI	Agravo de Instrumento
AO	Ação Originária
AOE	Ação Originária Especial
AOR	Ação Ordinária Regressiva
AR	Ação Rescisória
ARE	Recurso Extraordinário com Agravo
CB	Constituição do Brasil
CC	Código Civil/Conflito de Competência
c/c	Combinado com
CF	Constituição Federal
CJ	Conflito de Jurisdição
CJF	Conselho da Justiça Federal
CLT	Consolidação das Leis do Trabalho
CNJ	Conselho Nacional de Justiça
CPC	Código de Processo Civil
CPF	Cadastro de Pessoas Físicas
CPI	Comissão Parlamentar de Inquérito
COM	Código Penal Militar
CRFB	Constituição da República Federativa do Brasil
DJE	Diário da Justiça Eletrônico
DL	Decreto-lei

EC	Emenda Constitucional
ED	Embargos de Declaração
FGTS	Fundo de Garantia do Tempo de Serviço
GFIP	Guia de recolhimento do FGTS e informações à Previdência social
INSS	Instituto Nacional do Seguro Social
LC	Lei Complementar
MP	Medida Provisória
MPF	Ministério Público Federal
MPT	Ministério Público do Trabalho
MPU	Ministério Público da União
OAB	Ordem dos Advogados do Brasil
ONU	Organização das Nações Unidas
PDV	Programa de Demissão Voluntária
PEC	Proposta de Emenda à Constituição
RE	Recurso Extraordinário
SBDI-1	Seção Brasileira de Dissídios Individuais
STF	Supremo Tribunal Federal
STJ	Superior Tribunal de Justiça
SUS	Sistema Único de Saúde
TRF	Tribunal Regional Federal
TRT	Tribunal Regional do Trabalho
TST	Tribunal Superior do Trabalho

INTRODUÇÃO

1.1. HISTÓRIA DO DIREITO DO TRABALHO

No período pré-industrial, o trabalho era visto como um castigo. Apenas escravos e servos trabalhavam, e estes, considerados mercadorias de seus senhores, não possuíam direitos, apenas obrigações.

A história do direito do trabalho começa a nascer com o surgimento da Revolução Industrial na Inglaterra, por razões econômicas, jurídicas e políticas.

Em XVIII, a revolução industrial impacta a economia global quando o uso do vapor é usado como fonte de energia nas indústrias. Surge então as primeiras máquinas, que precisavam de operários para o manuseio. Diante disso, ocorre uma vasta contratação de empregados assalariados proletariados.

Podemos conceituar o proletariado como uma classe de operários, constituída de indivíduos que se caracterizam pela sua condição permanente de assalariados e por seus modos de vida, atitudes e reações decorrentes de tal situação.

No âmbito político, o direito do trabalho aparece com a transição do estado-liberal para o neoliberalismo. No estado liberal, o capitalista podia impor suas vontades sem interferência alguma do estado. Já na era do neoliberalismo, com a busca pelo equilíbrio, há o surgimentos de normas que passam a limitar o amplo poder do empregador e proteger o empregado.

Por fim, na esfera jurídica, os trabalhadores começam a se unir em busca de seus direitos. Começam a nascer os primeiros sindicato que, naquela época, eram mal vistos pelo estado. Mesmo com o esforço dos burgueses pela busca da igualdade nas relações empregatícias, o desequilíbrio predominava, o que ocasionou a criação de leis para nivelar as desigualdades.

Assim, como consequência da busca pelo equilíbrio nas relações de emprego, nasce o direito do trabalho. Porém, no Brasil, o direito do trabalho toma força somente na década de trinta, com o governo de Getúlio Vargas.

1.2. CONCEITO DE DIREITO DO TRABALHO

O Direito do Trabalho é o ramo da ciência jurídica de direito privado que regulamenta a relação existente entre empregado e empregador nas relações individuais e coletivas de trabalho subordinado, bem como é o ramo que visa e garante a proteção do trabalhador por meio da aplicação de medidas legais imperativas.

1.3. FONTES DO DIREITO DO TRABALHO

Fonte é tudo aquilo que dá origem à alguma coisa. Assim, as fontes do direito do trabalho são todas aquelas que produzem o direito. Existem duas classificações para as fontes: Materiais e Formais.

a. Fonte Material: É tudo aquilo que motiva o legislador a editar a lei. Podem ser acontecimentos políticos, sociais ou econômicos. São fatos.

b. Fonte Formal: É a própria lei positivada, escrita.
Dentro da classificação da fonte formal, ainda temos outras duas subclassificações: diretas ou indiretas

a. Fonte formal direta:
São as leis em geral (portarias, decretos etc.), os acordos e convenções coletivas, os costumes, as sentenças normativas, os regulamento de empresas e os contratos de trabalho.

b. Fonte formal indireta:
São as jurisprudência, doutrina, princípios gerais de direito e direto comparado.

1.4. PRINCÍPIOS QUE REGEM O DIREITO DO TRABALHO

Princípio é o início, o começo de algo. No sentido jurídico, os princípios são normas que devem ser observadas e interpretadas para a aplicação do direito.

O direito do trabalho faz uso de vários princípios comuns a outras matérias do direito, tais como o princípio da isonomia e do juiz natural. Todavia, por ser um ramo jurídico autônomo, faz uso também de princípio exclusivos para as relações de emprego, exclusivos da matéria trabalhista. São eles:

a. Princípio da proteção

O princípio da proteção - também chamado de *princípio tutelar* - é um dos princípios basilares do direito do trabalho.

Pode ser visto como uma base da estrutura geral, que visa igualar a desigualdade encontrada nas relações trabalhistas garantindo normas mais favoráveis aos empregados.

Decorre dele diversos outros princípios, como o princípio da norma mais favorável ao trabalhado. Podemos observar a presença do princípio da proteção no texto do art. 620 da CLT:

> Art. 620 da CLT. As condições estabelecidas em Convenção, quando mais favoráveis, prevalecerão sobre as estipuladas em acordo.

Como dito anteriormente, do princípio da proteção surgem outros três princípios:

I. Princípio do *in dubio pro operário*: também conhecido por *indubio pro mísero*, esse princípio diz que deve prevalecer sempre a interpretação mais favorável ao empregado.

II. Princípio da *norma mais favorável*: Para esse princípio, caso haja conflitos entre duas ou mais normas, deverá ser aplicada no caso concreto aquela que for mais benéfica para o trabalhador.

III. Princípio da *condição mais benéfica* ou *da inalterabilidade contratual lesiva:* É o princípio que protege o direito adquirido pelo trabalhador. É mais voltado para o contrato de trabalho do que para a legislação em si, vedando toda alteração contratual que seja lesiva ao empregado, mesmo que haja o consentimento deste para tal alteração. Assim, o empregado não pode ter sua condição de trabalho substituída por outra que não seja mais benéfica. Tal princípio pode ser encontrado no artigo 468 da CLT:

> 468 da CLT: "Nos contratos individuais de trabalho só é lícita a alteração das respectivas condições por mútuo consentimento, e ainda assim desde que não resultem, direta ou indiretamente, prejuízos ao empregado, sob pena de nulidade da cláusula infringente desta garantia.

Ainda, o assunto é igualmente abordado na Súmula nº 51, I e nº 288, ambas do TST:

> As cláusulas regulamentares, que revoguem ou alterem vantagens deferidas anteriormente, só atingirão os trabalhadores admitidos após a revogação ou alteração do regulamento (Sumula nº 51, I).

A complementação dos proventos da aposentadoria é regida pelas normas em vigor na data da admissão do empregado, observando-se as alterações posteriores desde que mais favoráveis ao beneficiário do direito (Sumula n.º 288).

b. Princípio da irrenunciabilidade dos direitos

O princípio da irrenunciabilidade de direitos tem o intuito de proteger o empregado das fraudes e das coações que podem ser exercidas pelo empregador devido ao "poder" natural que detém.

O princípio garante que os direitos trabalhistas são irrenunciáveis pelo empregado e, caso ocorra a renúncia de seus direitos, será possível exigi-los numa Reclamação Trabalhista. Por exemplo: caso o trabalhador, ao assinar seu contrato de trabalho, renuncie ao seu direito de férias, esse ato será considerado nulo e, por mais que ele permaneça trabalhando por anos dessa forma, poderá pleitear futuramente o direito suprimido.

O artigo 9º e 468º da CLT abordam o assunto:

> **Art. 9º** - Serão nulos de pleno direito os atos praticados com o objetivo de desvirtuar, impedir ou fraudar a aplicação dos preceitos contidos na presente Consolidação.
>
> **Art. 468** - Nos contratos individuais de trabalho só é lícita a alteração das respectivas condições por mútuo consentimento, e ainda assim desde que não resultem, direta ou indiretamente, prejuízos ao empregado, sob pena de nulidade da cláusula infringente desta garantia.

Todavia, o princípio da irrenunciabilidade comporta exceções: o empregado, se desejar, poderá renunciar a certos direitos em audiências e, ainda, será possível a renúncia pelo devedor.

c. Princípio da continuidade da relação de trabalho

Visando a preservação do emprego, esse princípio afirma que, em regra, os contratos de trabalho serão por prazo indeterminados. Ou seja, os contratos de trabalho devem ter um caráter de continuidade.

Em decorrência desse princípio, os contratos com prazo determinado são as exceções à regra. Para que o contrato de trabalho tenha duração certa e determinada, é necessário que tal situação esteja expressamente prevista em contrato. Sendo assim, no silêncio, prevalecerá a continuidade do vínculo.

Importante mencionar que, nos casos de contrato com prazo certo, o descumprimento do prazo, mesmo que em um único dia, irá transformá-lo automaticamente em um contrato por prazo determinado.

Finalmente, ainda é possível extrair do princípio a Súmula n° 212 do TST, que determina que é do empregador o ônus da prova do término do contrato de trabalho quando negados a prestação de serviço e o despedimento, prevalecendo a presunção favorável ao empregado.

d. Princípio da Primazia da Realidade

Princípio muito utilizado dentro do Direito Penal, diz que os fatos são mais relevantes que os documentos em si. Por exemplo, em uma audiência trabalhista, caso o empregado tente comprovar um vínculo trabalhista e, o empregador apresenta em sua contestação documentos de prestação de serviços autônomos, tal documentação só será considerada se apresentada com provas diversas, como prova testemunhal.

Do mesmo modo que, caso o empregado consiga provar, por meio de testemunhas, a existência de um vínculo empregatício, os documentos anexos aos autos serão desconsiderados.

e. Princípio da aplicação subsidiária do Código Civil

A aplicação subsidiária de normas no Direito do Trabalho é abordada no artigo 8° e 769° da CLT:

> Art. 8° - As autoridades administrativas e a Justiça do Trabalho, na falta de disposições legais ou contratuais, decidirão, conforme o caso, pela jurisprudência, por analogia, por eqüidade e outros princípios e normas gerais de direito, principalmente do direito do trabalho, e, ainda, de acordo com os usos e costumes, o direito comparado, mas sempre de maneira que nenhum interesse de classe ou particular prevaleça sobre o interesse público. Art. 769 - Nos casos omissos, o direito processual comum será fonte subsidiária do direito processual do trabalho, exceto naquilo em que for incompatível com as normas deste Título.

Dessa forma, entende-se que o direito comum deve ser utilizado quando houver lacunas e omissão nas leis trabalhistas. É possível ver a aplicação subsidiária do direito material civil dentro da esfera trabalhista, por exemplo, nos casos de indenização. Porém, só deverá ser utilizado quando não for incompatível com os princípios fundamentais do próprio direito do trabalho.

A súmula n° 445 do TST, que aborda o assunto de inadimplemento de verbas trabalhistas, é um excelente exemplo da inaplicação de um dos artigo do código civil no âmbito do direito do trabalho:

> INADIMPLEMENTO DE VERBAS TRABALHISTAS. FRUTOS. POSSE DE MÁ-FÉ. ART. 1.216 DO CÓDIGO CIVIL. INAPLICABILIDADE AO DIREITO DO TRABALHO. A indenização por frutos percebidos pela posse de má-fé, prevista no art. 1.216 do Código Civil, por tratar-se de regra afeta a direitos reais,

mostra-se incompatível com o Direito do Trabalho, não sendo devida no caso de inadimplemento de verbas trabalhistas.

f. **Princípio da intangibilidade salarial e intangibilidade contratual objetiva**

O Princípio da Intangibilidade Salarial tem previsão no art. 7º, VI, da CF/88 e tem como base a proibição do empregador realizar descontos no salário do empregado, salvo aqueles expressamente previsto em lei, como por exemplo, o desconto para pagamento de pensão alimentícia. Ainda, o art. 462, da CLT, prevê exceções quando houver dano causado pelo empregado, desde que, no caso de culpa, a possibilidade de desconto tenha sido acordada ou, no caso de dolo, sem a necessidade do acordo.

Por outro lado, o Princípio da Intangibilidade Contratual Objetiva protege o emprego do trabalhador nos casos em que houver uma mudança de propriedade da empresa. Assim, mesmo que haja a venda da empresa ou ocorra uma alteração em sua natureza jurídica, o empregado não será lesionado e seu contrato de trabalho permanecerá o mesmo (art. 10 e 448, da CLT).

+ EXERCÍCIOS DE FIXAÇÃO

01. Ano: 2022 Banca: CESPE / CEBRASPE Órgão: TRT - 8ª Região (PA e AP) Prova: CESPE / CEBRASPE - 2022 - TRT - 8ª Região (PA e AP) - Técnico Judiciário - Área Administrativa.

O princípio que veda o impedimento ou a restrição à livre disposição do salário pelo empregado e tem como noção a natureza alimentar do salário corresponde ao princípio da

A) Irrenunciabilidade
B) Primazia da realidade
C) Intangibilidade salarial
D) Inalterabilidade contratual lesiva.
E) Continuidade

02. Ano: 2021 Banca: FCC Órgão: PGE-GO Prova: FCC - 2021 - PGE-GO - Procurador do Estado Substituto.

Em relação aos princípios que norteiam o Direito do Trabalho, considerando-se a doutrina, a legislação e as Súmulas de Jurisprudência do Tribunal Superior do Trabalho,

A) De acordo com o princípio da intangibilidade contratual objetiva, o conteúdo do contrato de emprego pode ser modificado, caso ocorra efetiva mudança no plano do sujeito empresarial.

B) O princípio da irrenunciabilidade informa que o Direito do Trabalho impede a supressão de direitos trabalhistas em face do exercício, pelo devedor trabalhista, de prerrogativa legal.

C) Não há nenhum dispositivo expresso que atribui aos princípios uma função integrativa ou que indique a primazia do interesse público na Consolidação das Leis do Trabalho, porque ela regula o contrato individual nas relações de trabalho.

D) Em razão do princípio da primazia da realidade sobre a forma, o Juiz do Trabalho privilegia a situação de fato, devidamente comprovada, em detrimento dos documentos ou do rótulo conferido à relação de direito material.

E) O princípio da continuidade do contrato de trabalho constitui presunção favorável ao empregador, razão pela qual tanto o ônus da prova quanto seu término é do empregado, nas hipóteses em que são negados a prestação dos serviços e o despedimento.

» GABARITO

01.

A) Errada: O Princípio da irrenunciabilidade proíbe, em regra, que o empregado renuncie os seus direitos trabalhistas e, caso ocorra a renúncia, será possível exigi-los numa Reclamação Trabalhista.

B) Errada: O Princípio da Primazia da Realidade diz que, em uma relação de emprego os fatos prevalecerão sobre os documentos, mesmo que o conteúdo do documento indique o contrário.

C) Correta: Com previsão no art. 7º, VI, da CF/88, o princípio da intangibilidade visa proibir descontos indevidos no salário do empregado em decorrência da sua natureza alimentar.

D) Errada: O Princípio da Inalterabilidade Contratual Lesiva deriva do Princípio da Proteção e tem o objetivo de proteger o direito já adquirido pelo empregado, vedando toda e qualquer alteração contratual que seja lesiva ao trabalhador, mesmo que haja o consentimento deste.

E) Errada: O Princípio da Continuidade afirma que, em regra, os contratos de trabalho serão por prazo indeterminados. Ou seja, os contratos de trabalho têm (em regra) um caráter de continuidade.

02.

A) Errada: De acordo com o princípio da intangibilidade contratual objetiva, qualquer alteração na estrutura jurídica da empresa, mesmo que ocorra a troca do sujeito empresarial, não afetará os direitos adquiridos pelo empregado (arts. 10 e 448, da CLT).

B) Errada: Segundo o princípio da irrenunciabilidade, em regra, o empregado não poderá renunciar os seus direitos

C) Errada: Consoante o art. 8º, da CLT, os princípios são fonte integrativa e, além disso, nenhum interesse de classe ou particular pode prevalecer sobre o interesse público.

D) Correta: É exatamente o que prevê o Princípio da Primazia da Realidade.

E) Errada: A questão inverteu os sujeitos. O ônus da prova do término do contrato de trabalho será do empregador pois o princípio da continuidade garante presunção favorável ao empregado.

2 SUJEITOS NA RELAÇÃO DE EMPREGO

2.1. O EMPREGADOR

O conceito de empregador encontra amparo no artigo 2º da CLT:

> "Considera-se empregador a empresa, individual ou coletiva, que, assumindo os riscos da atividade econômica, admite, assalaria e dirige a prestação pessoal de serviços".

É fundamental ressaltar que, para ser considerado empregador, é necessário que a empresa **assuma os riscos do negócio econômico, sendo o resultado positivo ou negativo, não podendo o empregado se responsabilizar por esses resultados.**

A empresa pode ser considerada uma atividade estruturada e organizada para produção e circulação de bens ou serviços com o objetivo da obtenção de lucro.

Para Ronaldo H. Coase, a empresa é um feixe de contratos (nexo de contratos) coordenados pelo empresário ao estabelecer relações com fornecedores, empregados e clientes, visando a oferta de produtos ou serviços nos mercados.

Nesse sentido, visto a responsabilidade dos riscos do negócio econômico, que e deve ser assumida exclusivamente pelo empregador, a CLT deixa claro que o empregador não poderá se valer de sua situação financeira como justificativa para invocar o exame de força maior e os seus benefícios, positivados no art. 501:

> "Entende-se como força maior todo acontecimento inevitável, em relação à vontade do empregador, e para a realização do qual este não concorreu, direta ou indiretamente.
> § 1º - A imprevidência do empregador exclui a razão de força maior.
> § 2º - À ocorrência do motivo de força maior que não afetar substancialmente, nem for suscetível de afetar, em tais condições, a situação econômica e financeira da empresa não se aplicam as restrições desta Lei referentes ao disposto neste Capítulo."

Da mesma forma que, independentemente da inadimplência dos clientes ou da dificuldade financeira da empresa, o empregado terá direito ao recebimento de sua remuneração pelos serviços prestados. O artigo 501 da CLT beneficia o empregador apenas nos casos em que houver a rescisão do contrato de trabalho por conta de força maior. Ou seja, o benefício se refere ao pagamento parcial das verbas rescisórias, e não à remuneração mensal devida durante a vigência do contrato de trabalho.

Ainda, a fim de assegurar uma maior segurança e estabilidade ao emprego, o legislador desvinculou a figura de empregador do empresário, optando por estabelecer o vínculo do empregado com a empresa em si. Com a desvinculação, torna-se insignificante a figura do titular da empresa (pessoa física ou jurídica), bem como torna-se irrelevante o falecimento dos titulares ou a alteração na estrutura organizacional da empresa, conforme o art.10 e 448 da CLT.

> **Art. 10** - Qualquer alteração na estrutura jurídica da empresa não afetará os direitos adquiridos por seus empregados.
> **Art. 448** - A mudança na propriedade ou na estrutura jurídica da empresa não afetará os contratos de trabalho dos respectivos empregados.

Percebe-se destes dispositivos que a pessoalidade não é requisito necessário para a configuração da figura do empregador, visto que é possível a substituição dos titulares e a alteração da organização jurídica da empresa sem que o contrato de trabalho do empregado seja afetado.

Por fim, conforme o artigo 2º, §1º, da CLT, para efeitos exclusivos do vínculo empregatício, equiparam-se ao empregador a massa falida, os profissionais liberais, as instituições beneficentes, as associações recreativas ou outras instituições sem fins lucrativos, que admitirem trabalhadores como empregados.

2.2. GRUPO DE EMPRESAS E A RESPONSABILIDADE SOLIDÁRIA

Antes de adentrarmos o assunto deste capítulo, urge realçar alguns conceitos básicos para melhor entendimento:

Grupo econômico: O grupo econômico nada mais é do que diversas empresas sob mesma direção, formando um grupo empresarial. Há o efetivo controle de uma empresa, sobre as demais.

Responsabilidade solidária: Na responsabilidade solidária, o credor poderá exigir o valor devido de qualquer dos devedores existentes. O

Código Civil ainda é claro em seu artigo 265 ao dizer que a solidariedade não se presume; resulta da lei ou da vontade das partes.

Responsabilidade subsidiária: Na responsabilidade subsidiária o credor deverá obedecer uma ordem para a cobrança. No caso de impossibilidade da cobrança ao primeiro devedor, deverá, subsidiariamente, ir para o próximo devedor. Existe aqui uma prioridade de devedores.

Após revisados breves conceitos, é importante mencionar o artigo 2º, §2º da CLT, que diz:

> "Sempre que uma ou mais empresas, tendo, embora, cada uma delas, personalidade jurídica própria, estiverem sob a direção, controle ou administração de outra, constituindo grupo industrial, comercial ou de qualquer outra atividade econômica, serão, para os efeitos da relação de emprego, solidariamente responsáveis a empresa principal e cada uma das subordinadas."

Assim, conclui-se que a legislação determinou que será solidária a responsabilidade das empresas que pertencem ao mesmo grupo econômico, com relação as dívidas trabalhistas perante os seus empregados.

Importante mencionar que a CLT não delimitou uma natureza jurídica específica do grupo empresarial, realçando apenas que poderá ser grupo industrial, comercial ou de qualquer outra atividade econômica.

Com a interpretação legislativa, observa-se que a única exigência é que o grupo tenha uma natureza econômica. Logo, caso o grupo seja sem fins lucrativos ou de natureza civil, a responsabilidade solidária não se manifestará.

A ideia do legislador aqui foi, mais uma vez, garantir segurança ao empregado, que, no caso de acionar a Justiça do Trabalho para exigir os direitos, terá maiores possibilidades de recebimento, visto que poderá cobrar de quaisquer das empresas integrantes do grupo.

2.3. O EMPREGADO

A própria CLT traz em seu art. 3º um conceito simples e objetivo da figura do empregado:

> "Considera-se empregado toda pessoa física que prestar serviços de natureza não eventual a empregador, sob a dependência deste e mediante salário".

Importante destacar aqui que, **o empregado sempre será pessoa física**. Esse é um dos requisitos fundamentais para ser considerado empregado. Diferentemente da figura do empregador, que poderá ser pessoa física ou jurídica (ou até mesmo um ente sem personalidade jurídica própria). Os serviços prestados pela pessoa jurídica são regulados pelo Direito Civil.

Empregado		Empregador
✗ Pessoa física	VS	✗ Pessoa Física ✗ Pessoa Jurídica

Ainda, difere-se a relação de emprego da relação de trabalho. O "trabalho" é tido como um gênero, que exige um esforço intelectual ou físico que visa a produtividade e poderá ser remunerado. Por outro lado, "emprego" seria uma espécie de trabalho, onde existe uma relação de subordinação, pessoalidade, não eventualidade e onerosidade. Nota-se então que, todo empregado é classificado como trabalhador; mas nem todo trabalhador será considerado um empregado, como é o caso dos autônomos.

Por fim, podemos conceituar empregado como a pessoa física que presta pessoalmente um serviço, de forma não eventual, subordinada e assalariada.

O artigo 3º da CLT, mencionado anteriormente, aborda os cinco requisitos para que se caracterize uma relação de emprego. Vejamos:

a. Pessoa física: Como dissemos anteriormente, para que a relação de empregado exista, é necessário que o empregado seja pessoa física. Não haverá relação de emprego caso os serviços sejam prestados por pessoa jurídica.

b. Pessoalidade: O serviço prestado pelo empregado deve ser feito com pessoalidade. Ou seja, o contrato de trabalho deve ser *intuitu personae*, realizado com pessoa certa e determinada. Assim, salvo autorização expressa do empregador, o empregado fica impedido de substituir-se por outra pessoa.

c. Não eventualidade: Já comentamos anteriormente que a relação de emprego tem um caráter de continuidade. Diante disso, o serviço prestado pelo empregado ao empregador deve ter certa rotina e habitualidade. Isso não significa que o empregado deva trabalhar todos os dias. Significa que não pode ser algo pontual, ocasional. Sempre haverá uma expectativa do retorno do empregado às suas atividades no trabalho.

d. Subordinação: A subordinação acontece quando o trabalho é exercido mediante ordem de outrem. Na subordinação, não há autonomia de vontade por parte do empregado. A doutrina aponta quatro tipos de dependência do empregado, que resulta na subordinação. Vejamos

d.l. Econômica: A subordinação derivada da dependência econômica decorre da necessidade do empregado de receber a remuneração para que seja possível o seu sustento.

d.2. Técnica: A subordinação derivada da dependência técnica, pode ser equiparada, para melhor entendimento, a um certo controle de qualidade, uma fiscalização feita pelo empregador do trabalho realizado pelo empregado. Para os autores Vicente Paulo e Marcelo Alexandrino, essa tese não é considerada plenamente aceitável pela doutrina, pois existem hipóteses em que o empregador é que depende tecnicamente dos empregados, dados os conhecimentos destes. É o que ocorre no caso de empregados de alto nível, prestadores de serviços que exigem elevado grau de especialização e capacitação, como o enólogo em uma indústria vinífera.

d.3. Hierárquica: Trata-se da subordinação em si, em que o empregador possui uma posição de comando na relação.

e. Onerosa: Não haverá um vínculo empregatício se a prestação de serviços não for remunerada. Ou seja, o sujeito que prestar os seus serviços de forma gratuita e voluntária, não será considerado empregado.

É necessário, ainda, se atentar a um detalhe: a falta ou o atraso no pagamento do empregado, não descaracteriza a relação de emprego já existente. Isso porque a onerosidade já deve estar estipulada em contrato e, a simples promessa e expectativa do pagamento, já configuram a relação empregatícia.

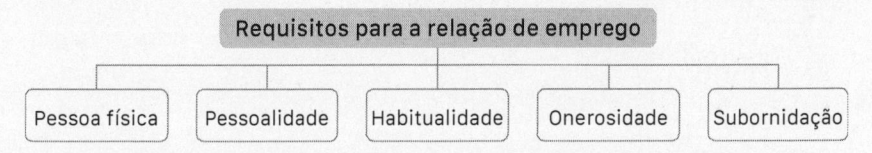

Todos os requisitos anteriormente mencionados são cumulativos e, por isso, na falta de qualquer um deles, **não haverá um vínculo de emprego**.

Ainda, urge realçar ainda neste capítulo, alguns elementos que NÃO são fundamentais para a relação de emprego:

a. Exclusividade: Não é necessário que o empregado preste serviços apenas para um único empregador. Diferentemente dos cargos públicos, que existem regras para a cumulação, no direito privado, a CLT permite que o empregado tenha mais de um emprego.

b. Local de emprego: Não é necessário que o empregado preste serviços apenas no estabelecimento do empregador. Não é apenas admitido, como muito comum nos dias de hoje, a prestação de serviços no domicílio do empregado. O art. 6° da CLT foi cirúrgico ao apontar que:

> "Não se distingue entre o trabalho realizado no estabelecimento do empregador, o executado no domicílio do empregado e o realizado a distância, desde que estejam caracterizados os pressupostos da relação de emprego."

Na mesma esteira, o art. 4° do mesmo dispositivo diz que será computado na jornada de trabalho do empregado, além do tempo trabalhado efetivamente, o tempo em que este permanecer à disposição do empregador.

2.4. TIPOS DE TRABALHADORES

2.4.1. EVENTUAL

O empregado eventual é contratado para trabalhar em ocasiões específicas e pontuais. Após a conclusão do trabalho, não há mais a necessidade de ir à empresa ou prestar o serviço.

A diferença que distingue um trabalhador eventual de um empregado é justamente falta da habitualidade, requisito imprescindível para a configuração do vínculo empregatício.

Nesse caso, há subordinação, mas de curta duração. Qualquer trabalhador que preste um serviço pontual e que não tenha previsibilidade de volta, será considerado eventual. **A** CLT **não tutela o trabalhador eventual.**

2.4.2. AUTÔNOMO

A Lei n° 8.212/1991 traz o conceito de trabalhador autônomo: "a pessoa física que exerce, por conta própria, atividade econômica de natureza urbana, com fins lucrativos ou não".

Assim, entende-se que todo trabalhador, exclusivo ou não, prestador de serviços de forma contínua ou não, desde que não seja subordinado, será um trabalhador autônomo.

Importante lembrar que, a fim de evitar os altos tributos que uma contratação celetista exige, as empresas têm a preferência pela contratação na forma de trabalhador autônomo.

Existem, porém, diversos empregadores que usam o trabalho autônomo para "maquiar" uma relação de emprego em que todos os requisitos que abordamos anteriormente estejam presentes, inclusive a subordinação.

Nesses casos, caso o trabalhador queira pedir o reconhecimento do vínculo para a devida anotação na CTPS e para o recebimento de todos os seus direitos, devida a alteração trazida pela EC 45/2004, a ação deverá ser ajuizada na Justiça do Trabalho.

Por fim, caso o empregador cumpra com todos os requisitos obrigatórios para uma contratação de trabalhador autônomo, não será caracterizado o vínculo empregatício e a CLT não irá ser utilizada para tutelar essa relação.

> Art. 442-B, CLT: "A contratação do autônomo, cumpridas por este todas as formalidades legais, com ou sem exclusividade, de forma contínua ou não, afasta a qualidade de empregado prevista no art. 3o desta Consolidação".

2.4.3. AVULSO

O trabalhador avulso é um trabalhador eventual, esporádico, igualmente como o trabalhador autônomo. A diferença é que o trabalhador eventual tem suas contratações intermediadas pelo sindicato da categoria.

Assim, o sindicato ajusta os termos das atividades com a empresa solicitante, distribui o serviço entre os trabalhadores, recebe da empresa o valor pelos serviços prestados e redistribui entre os sindicalizados que atuaram na prestação dos serviços.

O conceito de trabalhador avulso surgiu com os estivadores, que são profissionais que lidam com as cargas das embarcações dos portos. Geralmente se responsabilizam por colocar, tirar e arrumar tais cargas nos porões ou no convés dos navios. Surgiu assim uma nova categoria de trabalhadores.

Dessa forma, quando determinada empresa precisava de tais serviços, era feita uma solicitação ao sindicato representante. O sindicato selecionava os trabalhadores sindicalizados para executar o serviço em determinado navio e, terminada a operação, a remuneração era paga diretamente ao sindicato, que fazia um rateio entre os trabalhadores que executaram o serviço.

2.4.4. **ESTAGIÁRIO**

O trabalho do tipo estágio possuí lei especifica que conceitua e tutela o estagiário e suas atividades.

Nos termos da Lei. 11.788/2008, o estágio é:

> Art. 1º. "Estágio é ato educativo escolar supervisionado, desenvolvido no ambiente de trabalho, que visa à preparação para o trabalho produtivo de educandos que estejam frequentando o ensino regular em instituições de educação superior, de educação profissional, de ensino médio, da educação especial e dos anos finais do ensino fundamental, na modalidade profissional da educação de jovens e adultos".

Importante mencionar o aspecto trilateral existente em um estágio. Existe a figura do estagiário, do tomador de serviços e, necessariamente, a instituição de ensino. Assim, o estágio sempre deve estar vinculado à uma instituição de ensino, bem como deve ter suas atividades equivalentes ao objeto do curso, como constam os incisos II e III do art. 3º da referida Lei.

No mesmo artigo, o legislador deixou claro que o estágio não cria um vínculo empregatício.

Aqui, mais uma vez, a intenção foi proteger os estagiários das possíveis fraudes cometidas pela empresa para mascarar uma relação de emprego e, consequentemente, evitar o pagamento dos tributos.

Além da obrigatoriedade do estagiário estar regularmente matriculado em uma instituição de ensino, o vínculo do estágio obriga a existência de seguro contra acidentes pessoais a favor do estagiário, conforme consta no art. 9 da mesma Lei.

Em seguida, no art. 10º, a Lei aborda assuntos relacionados aos limites da jornada de trabalho do estagiário:

> Art. 10. A jornada de atividade em estágio será definida de comum acordo entre a instituição de ensino, a parte concedente e o aluno estagiário ou seu representante legal, devendo constar do termo de compromisso ser compatível com as atividades escolares e não ultrapassar:
> I – 4 (quatro) horas diárias e 20 (vinte) horas semanais, no caso de estudantes de educação especial e dos anos finais do ensino fundamental, na modalidade profissional de educação de jovens e adultos;
> II – 6 (seis) horas diárias e 30 (trinta) horas semanais, no caso de estudantes do ensino superior, da educação profissional de nível médio e do ensino médio regular.

2.4.5. APRENDIZ

A figura do aprendiz se torna um pouco mais delicada que as demais, pois, nessa categoria, é possível a contratação do sujeito a partir dos seus 14 anos de idade.

Na Constituição Federal, em seu art. 7º, XXXIII, bem como na CLT, em seu art. 428, o trabalho do menor aprendiz é autorizado para aqueles que tenham 14 a 16 anos de idade, apenas nas condições previstas no dispositivo. Por outro lado, o aprendiz que tenha de 16 a 18 anos de idade, poderá exercer qualquer tipo de trabalho, desde que não seja trabalho noturno, insalubre ou perigoso.

É importante mencionar que os menores de 14 anos estão proibidos de exercer qualquer tipo de trabalho.

> Art. 428, CLT: "**Contrato** de aprendizagem é o contrato de trabalho especial, ajustado por escrito e por prazo determinado, em que o empregador se compromete a assegurar ao maior de 14 (quatorze) e menor de 24 (vinte e quatro) anos inscrito em programa de aprendizagem formação técnico-profissional metódica, compatível com o seu desenvolvimento físico, moral e psicológico, e o aprendiz, a executar com zelo e diligência as tarefas necessárias a essa formação".

Por fim, esse tipo de contrato de trabalho será extinto em seus termos ou quando o aprendiz completar 24 anos de idade (para os aprendizes portadores de deficiência a idade máxima não se aplica) ou antecipadamente, nas hipóteses do art. 433 da CLT:

> Art. 433, CLT: "O contrato de aprendizagem extinguir-se-á no seu termo ou quando o aprendiz completar 24 (vinte e quatro) anos, ressalvada a hipótese prevista no § 5o do art. 428 desta Consolidação, ou ainda antecipadamente nas seguintes hipóteses:
> I - desempenho insuficiente ou inadaptação do aprendiz, salvo para o aprendiz com deficiência quando desprovido de recursos de acessibilidade, de tecnologias assistivas e de apoio necessário ao desempenho de suas atividades;
> II – falta disciplinar grave;
> III – ausência injustificada à escola que implique perda do ano letivo;
> IV – a pedido do aprendiz.

2.4.6. TEMPORÁRIO

O trabalho temporário tem como característica um contrato que não possuí duração indeterminada, como acontece nas contratações corriqueiras.

Segundo sua legislação específica, o trabalho temporário poderá acontecer em duas situações:

× *Substituição transitória de pessoal permanente*

Nesses casos, a empresa tomadora de serviços precisa de um empregado temporário para substituir algum empregado que está afastado ou saiu de férias, por exemplo.

× *Demanda complementar de serviços*

Já nesta situação, a empresa tomadora de serviços se depara com um aumento na demanda e na entrega dos serviços, sendo necessário contratar mais empregados por um período certo, como ocorre, por exemplo, nos comércios em época natalina.

No trabalho temporário, existe uma empresa locadora de mão-de-obra que deve possuir registro na Delegacia Regional do Trabalho, órgão que fiscaliza as relações de emprego. Essa empresa contrata um empregado e o encaminha para a empresa tomadora de serviços. Importante lembrar que o contrato deve ter prazo máximo de 180 dias, podendo ser prorrogado por 90 dias.

2.4.7. PEQUENO EMPREITEIRO

O empreiteiro não se enquadra na figura de empregado. Isso porque os contratos de empreitada não são considerados contratos de trabalho, sendo tutelado por legislação própria do Direito Civil. Outra diferença do empreiteiro para o empregado é que aquele admite personalidades física e jurídica, enquanto para ser empregado, é obrigatório ser pessoa física. Ainda, os contratos de empreitada são considerados contratos de resultado, sem a existência de um trabalho subordinado.

Por isso, a justiça do trabalho não reconhece a existência de vínculo empregatício entre os trabalhadores contratados por meio de um contrato de empreitada. Porém, é importante lembrar que, por mais que não exista um vínculo empregatício, após a EC 45/2004 que ampliou a competência da justiça do trabalho, as ações resultantes de contrato de empreitada e que o empreiteiro seja operário, pedreiro ou artífice, nos termos do art. 652, "a", III, da CLT, será de competência da Justiça do Trabalho.

2.4.8. DOMÉSTICO

O empregado doméstico possui legislação própria, sendo esta a Lei Complementar n° 150/2015. No art. 1° da mencionada lei, encontramos o seguinte conceito:

> Art. 1°. Ao empregado doméstico, assim considerado aquele que presta serviços de forma contínua, subordinada, onerosa e pessoal e de finalidade não lucrativa à pessoa ou à família, no âmbito residencial destas, por mais de 2 (dois) dias por semana, aplica-se o disposto nesta Lei.

Percebe-se que na definição dada pelo próprio legislador, podemos encontrar os cinco elementos necessários para a configuração de um vínculo empregatício: pessoa física, pessoalidade, onerosidade, habitualidade e subordinação. Porém, especialmente para os trabalhadores domésticos, foi acrescentado mais três elementos necessários: finalidade não lucrativa à pessoa ou família, no âmbito residencial destas e por mais de dois dias na semana.

Empregado		Empregado Doméstico
✗ Pessoa física		✗ Pessoa Física
✗ Pessoalidade		✗ Pessoalidade
✗ Onerosidade		✗ Onerosidade
✗ Habitualidade	VS	✗ Habitualidade
✗ Subordinação		✗ Subordinação
		✗ Finalidade não lucrativa à pessoa ou família
		✗ Âmbito residencial
		✗ Mais de 2 dias na semana

Tais elementos merecem atenção pois, caso um trabalhador exerça atividades domésticas para uma família que tenha finalidade lucrativa, como num restaurante, por exemplo, não poderá ser considerado o vínculo do trabalho doméstico.

Da mesma maneira que, caso o empregador seja empresário, não poderá ter empregados domésticos, haja vista a necessidade legal do empregador ser pessoa física ou família, jamais pessoa jurídica.

Ainda, outro detalhe que merece destaque, é a determinação do mínimo de dias por semana para que seja considerado um trabalho contínuo e não eventual. Os trabalhadores que exercerem o trabalho por dois dias na semana ou menos, não será considerado trabalhador doméstico, mas sim trabalhador do tipo diarista.

O trabalhador diarista não pode ser considerado empregado, dispensando o registro em carteira ou a elaboração de contrato de trabalho.

Importante destacar que existe um julgado que considerou como empregada doméstica, uma diarista que prestou serviços por anos para a mesma empresa, mesmo que por um dia na semana. Julgado do TST - ERR593730/99.6:

> RELAÇÃO DE EMPREGO. DIARISTA. LIMPEZA EM ESCRITÓRIO DE EMPRESA. NÃO EVENTUALIDADE. 1. A constante prestação de serviços de limpeza em escritório de empresa, ainda que em apenas um dia da semana, por anos a fio, caracteriza vínculo empregatício. O requisito legal da não-eventualidade na prestação do labor, para efeito de configuração da relação de emprego, afere-se precipuamente pela inserção do serviço no atendimento de necessidade normal e permanente do empreendimento econômico da empresa. Servente de limpeza, que realiza tarefas de asseio e conservação em prol de empresa, semanalmente, mediante remuneração e subordinação, é empregada, para todos os efeitos legais. A circunstância de também prestar serviços a terceiros, paralelamente, não exclui o vínculo empregatício, pois a lei não exige exclusividade, em regra, para tanto. 2. Acórdão turmário que se divorcia dos fatos expostos no acórdão regional contraria a Súmula 126 do Tribunal Superior do Trabalho. 3. Embargos da Reclamante conhecidos e providos para restabelecer o acórdão regional. (TST - E-RR: 5937303119995045555 593730-31.1999.5.04.5555, Relator: João Oreste Dalazen, Data de Julgamento: 06/12/2004, Subseção I Especializada em Dissídios Individuais, Data de Publicação: DJ 15/04/2005.)

Todavia, o que devemos levar para as provas de concurso público e OAB é a letra de lei. Ou seja, só será empregado doméstico aquele que prestar serviços por 3 dias na semana ou mais, visto que, para a corrente majoritária, habitualidade se distingue de continuidade.

Seguindo, já no primeiro parágrafo do art. 1º da Lei do Trabalho Doméstico, o legislador menciona a proibição do trabalho do menor de 18 anos nas atividades domésticas:

> Parágrafo único. É vedada a contratação de menor de 18 (dezoito) anos para desempenho de trabalho doméstico, de acordo com a Convenção nº 182, de 1999, da Organização Internacional do Trabalho (OIT) e com o Decreto nº 6.481, de 12 de junho de 2008.

Caso seja constatado que menores de 18 anos estejam laborando como trabalhadores domésticos, os contratos que estejam em vigor serão imediatamente rescindidos e ainda existe a possibilidade do arbitramento de multa, caso sejam constatadas irregularidades apontadas pelo Ministério do Trabalho.

O empregado doméstico possui todos os direitos dos demais empregados tutelados pela CLT, como férias, gratificação natalina, jornada de trabalho, entre outros. Além disso, o artigo 21 da mesma Lei garantiu a inclusão obrigatória do empregado doméstico no FGTS (Fundo de Garantia de Tempo de Serviço.

Os direitos mencionados não foram sempre presentes para os empregados domésticos, sendo que muitos advieram da LC nº150/2015 e da EC 72/2013. O Ilustre André Luis Paes de Almeida elenca os direitos adquiridos. Fizemos uma tabela para melhor visualização:

Antes da LC nº150/2015	Depois da EC nº72/2013	Após LC nº 150/2015
Salário-mínimo	Garantia de salário nunca inferior ao mínimo	Proteção contra demissão arbitrária ou sem justa causa
Irredutibilidade de salário	Proteção do salário na forma da lei, sendo crime sua retenção	Seguro-desemprego
Décimo terceiro salário	Jornada de até 8 horas diárias e 44 horas semanais	Direito ao FGTS
Repouso semanal remunerado	Hora extra de pelo menos 50% do valor da hora normal	Adicional por trabalho noturno
Férias acrescidas 1/3 a mais da remuneração	Redução dos riscos inerentes ao trabalho, por meio de normas de saúde, higiene e segurança	Salário-família
Licença-gestante de 120 dias	Reconhecimento dos acordos coletivos de trabalho	Assistência gratuita a dependentes até cinco anos em creches e pré-escolas
Licença-paternidade de 5 dias	Proibição de diferença de salários, de exercício de funções e de critério de admissão por motivo de sexo, idade, cor ou estado civil	Seguro contra acidentes de trabalho
Aviso prévio	Proibição de qualquer discriminação do trabalho deficiente	Jornada de trabalho de 8 horas diárias e 44 semanais, admitindo-se a compensação das horas dos sábados durante a semana
Aposentadoria	Proibição do trabalho noturno, perigoso ou insalubre a menores de 18 anos e de qualquer trabalho a menores de 16 anos, exceto aprendizes (14 anos)	Nos intervalos, a jornada de 8 horas diárias terão intervalo mínimo de 1 hora e máximo de 2 horas. Para as jornadas de 6 horas, o intervalo deve ser de, pelo menos, 15 minutos

Antes da LC nº150/2015	Depois da EC nº72/2013	Após LC nº 150/2015
		Horas extras: adicional de 50%. As Primeiras 40 horas extras admitem o pagamento, a 41 primeira hora extra deverá ser compensada em no máximo um ano
		Descanso semanal remunerado de, no mínimo, 24 horas consecutivas, preferencialmente aos domingos, além de descanso remunerado nos feriados

2.4.9. RURAL

Igualmente ao trabalhador doméstico, o trabalhador rural possui legislação especifica e, para que seja configurado esse tipo de trabalho, é necessário que o empregado exerça suas atividades em propriedade rural e, necessariamente, que as atividades tenham finalidade lucrativa e estejam vinculadas a agropecuária e/ou pecuária.

Uma pegadinha comum das provas de concurso é equiparar o caseiro que labora em zonas rurais dentro de sítios ou fazendas com o empregado rural. Todavia, o caseiro deve ser considerado empregado doméstico, pois suas atividades não são de finalidades lucrativas.

Diante disso, há de se atentar que a finalidade mercantil do empregador é requisito fundamental para a configuração da relação empregatícia rural. Assim, todo sujeito que prestar serviços em âmbito rural, independentemente da atividade que exerça, desde que seja dentro de uma finalidade lucrativa no ramo da produção rural, será considerado empregado rural. Podemos encontrar o conceito de empregador e empregado rural no art. 2º e 3º da Lei nº 5.889/1973:

> Art. 2º Empregado rural é toda pessoa física que, em propriedade rural ou prédio rústico, presta serviços de natureza não eventual a empregador rural, sob a dependência deste e mediante salário.
> Art. 3º - Considera-se empregador, rural, para os efeitos desta Lei, a pessoa física ou jurídica, proprietário ou não, que explore atividade agroeconômica, em caráter permanente ou temporário, diretamente ou através de prepostos e com auxílio de empregados.

Por fim, destaca-se que, malgrado o empregado rural possua os mesmos direitos que o empregado urbano possuí, aquele detém de algumas condições especiais, como exemplo, as condições referentes ao horário e ao adicional noturno, assuntos que serão abordados em capítulo posterior.

2.4.10. COOPERADO

As cooperativas são regulamentadas pelo Código Civil, em seus artigos 1.093 a 1.096. Podemos conceituar cooperativa como uma sociedade de pessoas que se comprometem a prestar serviços para os associados, com uma determinada atividade econômica e sem fins lucrativos. Ainda, não há subordinação entre os membros, prevalecendo apenas um regime de colaboração.

A CLT trata das cooperativas no parágrafo único do art. 442, dispondo que, qualquer que seja o ramo de atividade da sociedade cooperativa, não existe vínculo empregatício entre ela e seus associados, nem entre estes e os tomadores de serviços daquela.

Assim, independentemente do ramo da cooperativa, não haverá vínculo de emprego entre ela e seus cooperados.

+ EXERCÍCIOS DE FIXAÇÃO

01. Ano: 2022 Banca: CESPE / CEBRASPE Órgão: APEX Brasil Prova: CESPE / CEBRASPE - 2022 - APEX Brasil - Perfil 1: Administração de Pessoal

No que se refere ao empregado e ao empregador, julgue os itens a seguir.

I. Efetivo serviço, ressalvada disposição especial expressamente consignada, caracteriza-se como o período em que o empregado estiver à disposição do empregador, aguardando ou executando ordens.

II. Empregado é toda pessoa física ou jurídica que preste serviços de natureza não eventual a um empregador, sob a dependência deste e mediante o pagamento de salário.

III. Empregador é compreendido como empresa que, assumindo ou não os riscos da atividade econômica, admite, assalaria e dirige a prestação pessoal de serviço. Assinale a opção correta.

A) Apenas o item I está certo.

B) Apenas os itens I e II estão certos.

C) Apenas os itens II e III estão certos.

D) Todos os itens estão certos.

02. Ano: 2016 Banca: FGV Órgão: OAB Prova: FGV - 2016 - OAB - Exame de Ordem Unificado - XX - Primeira Fase (Reaplicação Salvador/BA)

Um grupo de trabalhadores que atua voluntariamente na área de informática se reúne, e seus integrantes, desejosos de não se manterem na condição de empregados, resolvem criar uma cooperativa de serviço, na qual existe participação e ganho de todos, sendo conjunta a deliberação dos destinos da cooperativa.

Sobre a situação narrada, de acordo com a Lei de Regência, assinale a afirmativa correta.

A) A cooperativa não poderá participar de licitações públicas.

B) A quantidade mínima de sócios, para ser constituída a cooperativa, é de 7 (sete).

C) O cooperativado que trabalhar entre 22h00min e 5h00min não receberá retirada noturna superior, porque não é empregado.

D) O cooperativado é contribuinte facultativo da Previdência Social.

01.

A) Correta: Efetivo serviço, ressalvada disposição especial expressamente consignada, caracteriza-se como o período em que o empregado estiver à disposição do empregador, aguardando ou executando ordens.

B) Errada: Ser pessoa física e prestar serviços com habitualidade são alguns dos requisitos essenciais para a caracterização da relação de emprego. Assim, empregado é toda **pessoa física** que preste serviços de natureza **habitual** a um empregador, sob a dependência deste e mediante o pagamento de salário.

C) Errada: Além do erro presente no item II, o erro do item III está na declaração de que o empregador poderá ou não assumir os riscos da atividade econômica, sendo que ele, necessariamente, deverá assumir todos os riscos da atividade econômica.

D) Errada: Existem erros nas afirmações II e III.

02.

A) Errada: A Cooperativa de Trabalho não poderá ser impedida de participar de procedimentos de licitação pública que tenham por escopo os mesmos serviços, operações e atividades previstas em seu objeto social (Lei nº lei 12.690/12, art. 10, § 2º).

B) Correta: A Cooperativa de Trabalho poderá ser constituída com número mínimo de 7 (sete) sócios (Lei 12.690/12, art. 6º).

C) Errada: Lei nº 12.690/12, art. 7º, V: A Cooperativa de Trabalho deve garantir aos sócios os seguintes direitos, além de outros que a Assembleia Geral venha a instituir: retirada para o trabalho noturno superior à do diurno.

D) Errada: A Lei nº 8.213/91, artigo 11, V, considera o cooperado um contribuinte individual.

3 CONTRATOS DE TRABALHO

O legislador optou por igualar a relação de emprego com o contrato de trabalho, consoante o art. 442:

> "Contrato individual de trabalho é o acordo tácito ou expresso, correspondente à relação de emprego".

Porém, existem doutrinadores que distinguem os conceitos, definindo a relação de emprego como vínculo obrigatório que une o empregado ao empregador por meio de um contrato individual de trabalho.

Por outro lado, o contrato de trabalho seria o ato jurídico lícito e obrigatório que cria a relação de emprego.

Assim, é possível concluir que é o instrumento contratual firmado entre as parte que dá início a uma relação de trabalho.

A doutrina majoritária entende que o contrato de trabalho tem natureza contratual (teoria contratualista). Podemos elencar 6 características do contrato de trabalho. São elas:

1. Bilateral: Pois surgem direitos e obrigações para ambas as partes
2. Oneroso: **Há a obrigatoriedade de existir uma remuneração**
3. Comutativo: Apresentam uma equivalência, uma razoabilidade entre a prestação e a contraprestação
4. Consensual: Basta a anuência das partes para o seu aperfeiçoamento
5. Pessoal: Pois apenas a pessoa do empregado será considerada parte determinante da contratação, não podendo ser substituído sem o consentimento do empregador
6. Subordinado: O empregado está sujeito as ordens do empregador

Contrato de Trabalho
Bilateral
Oneroso
Comutativo
Consensual
Pessoal
Subordinado

Ainda, podemos verificar no art.104 do Código Civil os requisitos essenciais do contrato de trabalho. Na falta de qualquer um deles, o contrato de trabalho será nulo. Vejamos:

Art. 104. A validade do negócio jurídico requer:
I - agente capaz;
II - objeto lícito, possível, determinado ou determinável;
III - forma prescrita ou não defesa em lei.

A CLT também determina em seu art. 443 que o contrato individual de trabalho poderá ser acordado tácita ou expressamente, verbalmente ou por escrito, por prazo determinado ou indeterminado, ou para prestação de trabalho intermitente.

Dessa forma, nas palavras de Sérgio Soeiro da Silva, podemos concluir que o contrato de trabalho é "um acordo tácito ou expresso, por meio do qual uma pessoa física se compromete a prestar serviços de nature-za não eventual e obedecendo a ordens de uma outra pessoa, física ou jurídica, mediante o recebimento de salário. Ele pode ser estabelecido verbalmente ou por escrito, por prazo determinado ou indeterminado, ou, ainda, para a prestação de trabalho intermitente".

3.1. TIPOS DE CONTRATO DE TRABALHO

3.1.1. CONTRATO POR PRAZO DETERMINADO

O contrato de trabalho por prazo determinado é aquele em que as partes estipulam uma data para a sua extinção. Autorizado pelo art. 443 da legislação trabalhista, esse tipo de contrato pode ser considerado exceção pois, em regra, os contratos de trabalho devem ser por prazo indeterminado.

Para que o contrato tenha duração determinada, deverá haver previ-são expressa no instrumento contratual. No caso de omissão de infor-mação ou dúvidas, presumir-se-á a indeterminação do prazo.

Essa modalidade contratual oferece alguns benefícios para o empregador, como menores custos com tributos para realizar uma contratação e uma demissão, a dispensa de aviso prévio (em regra), além de outras vantagens. Assim, para evitar um desequilíbrio na relação empregatícia e o excesso de contratações nessa modalidade, o legislador estabeleceu alguns requisitos. O art. 443, §2º, da CLT aborda o assunto:

> Art. 443, § 2º - O contrato por prazo determinado só será válido em se tratando:

a. de serviço cuja natureza ou transitoriedade justifique a predeterminação do prazo;
b. de atividades empresariais de caráter transitório;
c. de contrato de experiência.

Assim, só terá validade o contrato de trabalho por prazo determinado nos casos de serviços com natureza passageira e pontual, como por exemplo, a execução de uma obra ou a substituição de um empregado que esteja de férias; serviços com atividades empresariais de caráter transitório, servindo de exemplo os comércios que vendem produtos sazonais, como as lojas natalinas que funcionam apenas no período do Natal e; nos contratos de experiência que, conforme determina o artigo 445, parágrafo único da CLT, não poderá exceder 90 dias.

Importante ainda lembrar que o art. 445 e 451 da mesma legislação determinam que os contratos que tutelarem os casos mencionados na alínea "a" e "b" do art. 443, §2º da CLT, poderão ter um prazo máximo de 2 anos, podendo ser prorrogado apenas uma única vez por, no máximo, 2 anos. Caso haja mais de uma prorrogação, o contrato passará a vigorar sem determinação de prazo.

Serviço Transitório	Atividade Empresarial de Caráter Transitório	Contrato de Experiência
2 anos	2 anos	90 dias
Prorrogado por uma única vez por igual período	Prorrogado por uma única vez por igual período	Prorrogado por uma única vez por igual período

Com relação ao contrato de experiência, há uma súmula do TST (nº188) que permitiu sua prorrogação por igual período. Porém, para evitar fraudes, o empregado que se encontra em período de experiência e for demitido, não poderá ser recontratado na mesma função por outro contrato de experiência.

Vale darmos destaque também para a Lei nº 11.644/2008, que trouxe em seu bojo a proibição para o empregador de exigir dos candidatos à vaga de emprego, experiência superior a seis meses.

Infelizmente, sabemos que não dá para fiscalizar de forma precisa a conduta do empregador que disponibiliza as vagas. Além disso, é pouco provável que haja honestidade nas justificativas de não contratação, geralmente sendo alegado que o candidato apenas "não se encaixa no perfil da empresa".

Por fim, o art. 452 da CLT impõe que **não poderá haver um contrato de prazo determinado de mesma função seguido de outro, por um período de seis meses**. A ideia do legislador aqui foi, mais uma vez, proteger o empregado. Caso ocorra tal situação, os contratos serão considerados vínculo único:

> **Art. 452** - Considera-se por prazo indeterminado todo contrato que suceder, dentro de 6 (seis) meses, a outro contrato por prazo determinado, salvo se a expiração deste dependeu da execução de serviços especializados ou da realização de certos acontecimentos.

3.1.1.1. EXTINÇÃO DO CONTRATO DE PRAZO DETERMINADO

O contrato de trabalho terá sua resolução simplesmente com o fim do prazo, não sendo necessário o aviso prévio. Porém, caso haja uma rescisão sem justa causa, o empregador deverá pagar, como indenização, metade do valor que seria devido caso o contrato permanecesse até a sua vigência estipulada (art.479 da CLT).

Ainda, a recíproca é verdadeira quando a rescisão vier por parte do empregado, sendo este obrigado a indenizar o empregador até o limite da metade do que deveria receber até o final do prazo estipulado, caso seja comprovado que da rescisão sobrevieram prejuízos. É o que consta no art. 480, da CLT:

> **Art. 480** - Havendo termo estipulado, o empregado não se poderá desligar do contrato, sem justa causa, sob pena de ser obrigado a indenizar o empregador dos prejuízos que desse fato lhe resultarem.
> **§ 1º** - A indenização, porém, não poderá exceder àquela a que teria direito o empregado em idênticas condições.

3.1.1.2. CLÁUSULA ASSECURATÓRIA DO DIREITO RECÍPROCO DE RESCISÃO

O art. 481 da CLT traz a possibilidade de inserir no contrato de prazo determinado a cláusula assecuratória do direito recíproco de rescisão. Tal cláusula garante a possibilidade de uma rescisão antecipada ao prazo pactuado com a aplicação dos mesmos princípios dos contratos de prazo indeterminado.

Ou seja, caso o contrato seja rescindido antes do prazo acordado, a parte responsável pela rescisão deverá pagar à outra todas as verbas rescisórias presentes no contrato de prazo indeterminado, como se a rescisão indireta fosse, tais como férias, 13º salário, aviso prévio etc.

> Art. 481 - Aos contratos por prazo determinado, que contiverem cláusula assecuratória do direito recíproco de rescisão antes de expirado o termo ajustado, aplicam-se, caso seja exercido tal direito por qualquer das partes, os princípios que regem a rescisão dos contratos por prazo indeterminado.

3.1.2. CONTRATO INTERMITENTE

Essa modalidade de trabalho é **relativamente nova** e passou a ser tutelada a partir da Reforma Trabalhista, Lei nº 467/2017. Pode ser entendida como uma prestação de serviços esporádica, de forma não contínua e, mesmo assim, é tutelada pela CLT, sendo caracterizada uma relação de emprego.

É importante pontuarmos algumas diferenças entre o empregado intermitente e o empregado temporário que, apesar de possuírem algumas características semelhantes, são institutos completamente distintos. Uma das principais diferenças é a de que o empregado intermitente é protegido pela CLT, enquanto o trabalhador temporário não possuí essa proteção, sendo considerado um trabalhador, não um empregado.

Outra diferença evidente é o prazo do serviço estipulado para cada instituto. Nos trabalhos intermitentes, não há uma prestação contínua, nem mesmo um prazo estipulado para seu fim. Já os trabalhos temporários podem ter um período máximo de 180 dias, consecutivos ou não, podendo ser prorrogado por mais 90 dias.

Temporário		Intermitente
✗ 180 dias		✗ Sem prazo determinado
✗ Prorrogação de 90 dias	VS	✗ Não contínuo
✗ Legislação própria		✗ Tutelado pela CLT

Agora que vimos as principais diferenças, vamos detalhar as características do trabalho intermitente.

Já sabemos que o trabalho intermitente é uma prestação de serviço não contínua e sem datas exatas para acontecer. Mas, mesmo ausente a habitualidade, existe um vínculo empregatício que obriga o registro em carteira de trabalho e garante ao empregado desta modalidade todos os direitos previstos na CLT, salvo o seguro-desemprego.

Ainda, é uma modalidade que obriga o empregador a acionar os funcionários para as respectivas atividades com pelo menos três dias de antecedência. Além disso, é importante que essa convocação contenha com exatidão a jornada de trabalho que será prestada pelo empregado, garantindo-lhe a ciência do valor da remuneração.

Ademais, é possível que o empregado recuse a convocação, e tal recusa não configurará ato de insubordinação. Caso o empregado permaneça em silêncio após recebida a convocação, presumir-se-á a recusa do trabalho.

Vale mencionar que, caso o empregado aceite a convocação para os serviços, se comprometendo a comparecer e executar as atividades, e ainda assim não comparece nos dias e horários definidos, deverá pagar à outra parte, dentro de 30 dias, uma indenização correspondente a 50% do valor da remuneração que seria devida caso as atividades fossem executadas conforme o combinado. A mesma penalidade será aplicada ao empregador nos casos em que o empregado comparecer ao trabalho e os seus serviços não sejam mais necessários.

É importante lembrar ainda que **o tempo de inatividade do empregado não poderá ser considerado como tempo à disposição do empregador,** não podendo esse período ser remunerado de alguma forma.

Ademais, com relação às verbas trabalhistas nessa modalidade de contratação, urge realçar que, ao final de cada prestação de serviços, o empregador deverá realizar o pagamento referente à **remuneração das atividades realizadas, férias proporcionais e 1/3 constitucional, gratificação natalina proporcional, repouso semanal remunerado e outros adicionais.** Na folha, será proibido o salário do tipo complessivo.

O empregador também ficou encarregado de efetuar o pagamento da contribuição previdenciária, bem como o FGTS do período de trabalho.

Por fim, em relação às férias, terá direito aquele empregado que prestar serviços pelo prazo de 12 meses subsequentes, não podendo trabalhar nesse período para o empregador que concedeu as férias.

Contrato Intermitente
Trabalho esporádico
Trabalho não contínuo
Tutelado pela CLT
Deve ser celebrado por escrito
Deve conter especificamente o valor da hora de trabalho
Convocação deve ocorrer com pleo menos 3 dias corridos de antecedência

3.1.3. CONTRATO DE TERCEIRIZAÇÃO

A terceirização é um instituto que garante ao empregador a contratação de outra empresa para a realização dos serviços de seu interesse. Assim, o empregador reduz os custos com contratações e melhora a qualidade do seu produto, já que a maioria das empresas terceirizadas são especialistas nos serviços que oferecem. Como exemplo de terceirizadas, temos as empresas prestadoras de serviços de limpeza e de segurança.

A Lei n° 13.429/17 fez algumas alterações referentes à terceirização. Vamos pontuar as principais:

a. A empresa poderá terceirizar as suas atividades-meio e atividades-fim;

b. O contrato de terceirização poderá ter duração de até 6 meses, consecutivos ou não, prorrogáveis por mais 90 dias.

c. É de responsabilidade do contratante garantir as condições de segurança, higiene e salubridade dos trabalhadores, quando o trabalho for realizado em suas dependências ou em local por ela designado.

d. O contratante estenderá ao trabalhador da empresa de trabalho temporário o mesmo atendimento médico, ambulatorial e de refeição destinado aos seus empregados, existente nas dependências da contratante, ou local por ela designado.

e. Qualquer que seja o ramo da empresa tomadora de serviços, não existe vínculo de emprego entre ela e os trabalhadores contratados pelas empresas de trabalho temporário.

f. O contratante é subsidiariamente responsável pelas obrigações trabalhistas referentes ao período em que ocorrer o trabalho temporário, e o recolhimento das contribuições previdenciárias observará o disposto no art. 31 da Lei n° 8.212/91.

01. Ano: 2022 Banca: FGV Órgão: OAB Prova: FGV - 2022 - OAB - Exame de Ordem Unificado XXXV - Primeira Fase

A churrascaria Boi Gordo tem movimento variado ao longo dos diversos meses do ano. A variação também ocorre em algumas semanas, razão pela qual decidiu contratar alguns empregados por meio do chamado contrato intermitente. Diante disso, esses pretensos empregados ficaram com dúvidas e consultaram você, como advogado(a), para esclarecer algumas questões.

Assinale a opção que indica, corretamente, o esclarecimento prestado.

A) O tempo de resposta do empregado em relação à convocação para algum trabalho é de um dia útil para responder ao chamado, e o silêncio gera presunção de recusa.

B) O empregador poderá convocar o empregado de um dia para o outro, sendo a antecedência de um dia útil, portanto.

C) Para o empregado existe um limite de recusas por mês. Extrapolado o número de três recusas no mês, considerar-se-á rompido o contrato.

D) O contrato intermitente pode ser tácito ou expresso, verbal ou escrito.

02. Ano: 2022 Banca: FCC Órgão: TRT - 22ª Região (PI) Prova: FCC - 2022 - TRT - 22ª Região (PI) - Analista Judiciário - Oficial de Justiça Avaliador Federal

Paulo firmou contrato de trabalho intermitente, em 12/01/2022, para prestar serviços de entregas ao restaurante Gosto Bom, especialmente nas oportunidades em que o empregador realizava promoções com a redução de 50% dos valores constantes no cardápio. Assim, o restaurante Gosto Bom, ao definir a semana do mês em que realizaria as promoções, convocava Paulo, com ao menos cinco dias úteis de antecedência, para realizar as entregas, sendo que este respondia imediatamente, confirmando sua presença. Em maio/2022, ao ser novamente convocado e confirmar a prestação do serviço, Paulo não compareceu para realizar as entregas na semana acordada.

No trabalho intermitente, a

A) Ausência de comparecimento, após a confirmação de presença, obriga o empregado ao pagamento, no prazo de trinta dias, de multa de 50% da remuneração que seria devida, permitida a compensação em igual prazo.

B) Recusa injustificada configura ato de insubordinação com a rescisão do contrato de trabalho por justa causa, independentemente da prática de faltas graves anteriores.

C) Ausência de comparecimento, após a confirmação de presença, obriga o empregado ao pagamento, no prazo de trinta dias, de multa de 25% da remuneração que seria devida, permitida a compensação em igual prazo.

D) Recusa injustificada e a ausência de comparecimento, após a confirmação de presença, não caracterizam faltas graves ou ensejam qualquer penalidade ao empregado, em razão das peculiaridades do contrato de trabalho intermitente.

E) Recusa injustificada configura ato de indisciplina com a rescisão do contrato de trabalho por justa causa, independentemente da prática de faltas graves anteriores.

01.

A) Correta: Art. 452-A, §2º, da CLT: Recebida a convocação, o empregado terá o prazo de vinte e quatro horas para responder ao chamado, presumida, no silêncio, a recusa.

B) Errada: Art. 452-A, §1º, da CLT: O empregador convocará, por qualquer meio de comunicação eficaz, para a prestação de serviços, informando qual será a jornada, com, pelo menos, três dias corridos de antecedência.

C) Errada: Art. 452-A, §3º, da CLT: A recusa da oferta não descaracteriza a subordinação para fins do contrato de trabalho intermitente.

D) Errada: Art. 452-A, da CLT: O contrato de trabalho intermitente deve ser celebrado por escrito e deve conter especificamente o valor da hora de trabalho, que não pode ser inferior ao valor horário do salário-mínimo ou àquele devido aos demais empregados do estabelecimento que exerçam a mesma função em contrato intermitente ou não.

02.

A) Correta: Art. 452-A, §4º, da CLT - Aceita a oferta para o comparecimento ao trabalho, a parte que descumprir, sem justo motivo, pagará à outra parte, no prazo de trinta dias, multa de 50% (cinquenta por cento) da remuneração que seria devida, permitida a compensação em igual prazo.

B) Errada: Art. 452-A, §º3º da CLT: A recusa da oferta não descaracteriza a subordinação para fins do contrato de trabalho intermitente.

C) Errada: A multa é de 50%, conforme art. 452-A, §4º, da CLT.

D) Errada: A recusa injustificada não caracteriza nem insubordinação nem indisciplina.

4 ALTERAÇÃO DO CONTRATO DE TRABALHO

4.1. NOÇÕES GERAIS

Para alteração das cláusulas de um contrato de trabalho, o legislador foi cirúrgico ao determinar que as alterações só serão possíveis quando forem de mútuo consentimento e desde que não sejam prejudiciais para o empregado, sob pena de nulidade da cláusula:

> Art. 468, CLT: Nos contratos individuais de trabalho só é lícita a alteração das respectivas condições por mútuo consentimento, e ainda assim desde que não resultem, direta ou indiretamente, prejuízos ao empregado, sob pena de nulidade da cláusula infringente desta garantia.
>
> § 1o Não se considera alteração unilateral a determinação do empregador para que o respectivo empregado reverta ao cargo efetivo, anteriormente ocupado, deixando o exercício de função de confiança.
>
> § 2o A alteração de que trata o § 1o deste artigo, com ou sem justo motivo, não assegura ao empregado o direito à manutenção do pagamento da gratificação correspondente, que não será incorporada, independentemente do tempo de exercício da respectiva função.

Porém, embora a regra seja a de que o empregador não pode fazer alterações no contrato de forma unilateral, percebe-se no parágrafo 1º que existe uma exceção em decorrência do *jus variandi*.[1]

Assim, não será considerado para fins de alteração contratual, o empregado que retorne às suas condições de trabalho anteriores. Ainda no mesmo art., no 2º parágrafo, podemos extrair que o empregado que perder a função de confiança e retornar ao trabalho anterior que já ocupava, não poderá levar consigo a gratificação recebida especialmente em razão da função de confiança em que se encontrava, independentemente do tempo que permaneceu na função.

---

1 É o direito da empresa de alterar de forma impositiva e unilateral as cláusulas presentes no contrato de trabalho, em casos especiais.

4.2. TRANSFERÊNCIA DO EMPREGADO

Consoante o art. 469 da CLT, é proibida a transferência do empregado para local diverso do estipulado do contrato, sem a sua anuência. Ainda, o mesmo artigo garante que não será considerada transferência a mudança que não acarretar a necessidade da mudança de domicílio. Podemos definir a palavra domicílio como o local onde alguém estabelece a sua residência com ânimo definitivo. Ou seja, caso o empregado for transferido para uma filial, mas ainda assim essa transferência não interferir significativamente no tempo do percurso realizado, não incorrerá na proibição mencionada pelo artigo. Nesses casos, poderá o empregado ter direito apenas o complemento salarial correspondente à despesa de transporte.

Vale destacar que boa parte da doutrina considera que é possível a transferência do empregado até para um município próximo do seu local de trabalho de origem, e ainda assim não acarretar a necessidade da transferência de domicílio.

Dando continuidade, a transferência que acarreta na mudança de domicílio poderá ser de forma permanente ou provisória, e cada um trará em seu bojo uma consequência.

Nas transferências provisórias, é devido um adicional de pelo menos 25% do salário recebido na antiga localidade. O adicional cessa quando o empregado volta ao seu local de trabalho de origem.

Já nas transferências definitivas, não há possibilidade dos adicionais. Isso porque o adicional está atrelado à provisoriedade da mudança. Nos casos de mudança definitiva, o empregador deverá arcar apenas com as despesas relativas à mudança, como caminhão de transporte etc.

Permanente		Provisória
✗ Não é devido o adicional	VS	✗ Adicional de 25% ✗ O adicional é retirado quando o empregado volta para o local de origem

01. Ano: 2023 Banca: IBFC Órgão: Prefeitura de Cuiabá - MT Prova: IBFC - 2023 - Prefeitura de Cuiabá - MT - Apoio Jurídico

Com relação às disposições da Consolidação das Leis do Trabalho sobre a alteração do contrato de trabalho, analise as afirmativas a seguir.

I. Nos contratos individuais de trabalho só é lícita a alteração das respectivas condições por mútuo consentimento, e ainda assim desde que não resultem, direta ou indiretamente, prejuízos ao empregado, sob pena de nulidade da cláusula infringente desta garantia.

II. Não se considera alteração unilateral a determinação do empregador para que o respectivo empregado reverta ao cargo efetivo, anteriormente ocupado, deixando o exercício de função de confiança.

III. Ao empregador é vedado transferir o empregado, sem a sua anuência, para localidade diversa da que resultar do contrato, não se considerando transferência a que não acarretar necessariamente a mudança do seu domicílio.

Estão corretas as afirmativas:

A) I, II e III
B) I e II apenas
C) II e III apenas
D) I apenas

02. Ano: 2018 Banca: Gestão Concurso Órgão: EMATER-MG Prova: Gestão Concurso - 2018 - EMATER-MG - Assessor Jurídico

O artigo 468, do Decreto-Lei n.º 5.452, de 1º de maio de 1943, que trata da Consolidação das Leis do Trabalho, referente ao tópico Alteração do Contrato de Trabalho, afirma que:

Artigo 468 - Nos contratos individuais de trabalho só é lícita a alteração das respectivas condições por mútuo consentimento, e ainda assim desde que não resultem, direta ou indiretamente, prejuízos ao empregado, sob pena de nulidade da cláusula infringente desta garantia.

Considerando o exposto, analise as assertivas a seguir.

I. Veda-se ao empregador transferir o empregado para localidade diversa da que resultar do contrato, mesmo em caso de necessidade de serviço e mesmo com a oferta de qualquer pagamento suplementar.

II. Veda-se ao empregador transferir o empregado, sem a sua anuência, para localidade diversa da que resultar do contrato, não se considerando transferência a que não acarretar necessariamente a mudança do seu domicílio.

III. Permite-se ao empregador transferir o empregado, sem a sua anuência, para localidade diversa da que resultar do contrato, quando ocorrer extinção do estabelecimento em que trabalhar o empregado, sendo que as despesas resultantes da transferência correrão por conta do empregador.

IV. Considera-se alteração unilateral a determinação do empregador para que o respectivo empregado reverta ao cargo efetivo, anteriormente ocupado, deixando o exercício de função de confiança, e assegura ao empregado o direito à manutenção do pagamento da gratificação correspondente, que não será incorporada, independentemente do tempo de exercício da respectiva função.

Está correto apenas o que se afirma em:

A) I e II.
B) II e III.
C) I, II e IV.
D) II, III e IV.

» GABARITO

01.

A) Correta: Art. 468 da CLT: Nos contratos individuais de trabalho só é lícita a alteração das respectivas condições por mútuo consentimento, e ainda assim desde que não resultem, direta ou indiretamente, prejuízos ao empregado, sob pena de nulidade da cláusula infringente desta garantia.

B) Errada: Todos os itens estão corretos (Art. 468, §°1° e art. 469, ambos da CLT).

C) Errada: Todos os itens estão corretos (Art. 468, §°1° e art. 469, ambos da CLT).

D) Errada: Todos os itens estão corretos (Art. 468, §°1° e art. 469, ambos da CLT).

02.

A) Errada: Item I – errado: De acordo com o artigo 469, §3° da CLT: Em caso de necessidade de serviço o empregador poderá transferir o empregado para localidade diversa da que resultar do contrato, não obstante as restrições do artigo anterior, mas, nesse caso, ficará obrigado a um pagamento suplementar, nunca inferior a 25% (vinte e cinco por cento) dos salários que o empregado percebia naquela localidade, enquanto durar essa situação.

Item II – correto: Além disso, o *caput* do mesmo art. diz que: Ao empregador é vedado transferir o empregado, sem a sua anuência, para localidade diversa da que resultar do contrato, não se considerando transferência a que não acarretar necessariamente a mudança do seu domicílio.

B) Correta: Item II – correto; Item III – correto; Art. 469 da CLT: Ao empregador é vedado transferir o empregado, sem a sua anuência, para localidade diversa da que resultar do contrato, não se considerando transferência a que não acarretar necessariamente a mudança do seu domicílio.

C) Errada: Item III – correto: Art. 469, §2°, da CLT: É licita a transferência quando ocorrer extinção do estabelecimento em que trabalhar o empregado. Item IV – errado: A hipótese narrada não é considerada alteração unilateral e não assegura a manutenção do pagamento da gratificação correspondente (art. 468, §§1° e 2°, da CLT).

D) Errada: Item IV errado.

INTERRUPÇÃO E SUSPENSÃO DO CONTRATO DE TRABALHO

Vamos, primeiramente, para efeitos de memorização, explicar a espécie mais "INteressante" para o empregado: a "INterrupção". Na interrupção o empregado deixa de prestar seus serviços, porém, continua sendo remunerado. Além de receber a contraprestação normalmente, o tempo afastado é computado como tempo de serviço para todos os efeitos legais.

Assim, para auxiliar na memorização e evitar as pegadinhas de prova, recomendo que associe o "in" de interrupção com o "in" de interessante para o empregado, visto que este deixa de trabalhar mas continua recebendo sua remuneração e tem o tempo de serviço contabilizado normalmente.

Como exemplos de interrupção do contrato de trabalho, podemos citar as férias, a falta devidamente justificada, a licença por motivo de doença na primeira quinzena etc.

Por outro lado, a suspensão contratual ocorre quando o empregado deixa de exercer suas atividades ao mesmo tempo que deixa de receber a sua remuneração. Ainda, o período de afastamento não será considerado tempo de serviço, exemplo: suspensão disciplinar, faltas injustificadas etc.

	Trabalho	Salário	Tempo de Serviço
Interrupção	✗	✔	Conta deposita
Suspensão	✗	✗	Não conta e não deposita
Serviço militar	✗	✗	Conta e deposita

Nas palavras doutrinárias do Prof.º Sérgio Pinto Martins:

"A suspensão envolve a cessação temporária e total da execução e dos efeitos do contrato de trabalho. Na interrupção, há a cessação temporária e parcial do contrato de trabalho, porem há a produção de efeitos. Haverá interrupção quando o empregado for remunerado normalmente, embora não preste serviços, contando-se também seu tempo de serviço, mostrando a existência de uma cessação provisória e parcial dos efeitos do contrato de trabalho. Na suspensão, o empregado fica afastado, não recebendo salário; nem conta-se seu tempo de serviço, havendo a cessação provisória e total dos efeitos do contrato de trabalho".

Ainda, antes de abordarmos as hipóteses de interrupção e suspensão, urge realçar o art. 473 da CLT, muito cobrado em provas, que prevê algumas possibilidade para o empregado deixar de comparecer ao serviço sem que haja prejuízo do seu salário:

Art. 473 - O empregado poderá deixar de comparecer ao serviço sem prejuízo do salário:

I. até 2 (dois dias consecutivos, em caso de falecimento do cônjuge, ascendente, descendente, irmão ou pessoa que, declarada em sua carteira de trabalho e previdência social, viva sob sua dependência econômica;

II. até 3 (três dias consecutivos, em virtude de casamento;

III. por 5 (cinco dias consecutivos, em caso de nascimento de filho, de adoção ou de guarda compartilhada;

IV. por um dia, em cada 12 (doze meses de trabalho, em caso de doação voluntária de sangue devidamente comprovada;

V. até 2 (dois dias consecutivos ou não, para o fim de se alistar eleitor, nos termos da lei respectiva;

VI. no período de tempo em que tiver de cumprir as exigências do Serviço Militar referidas na letra c do art. 65 da Lei nº 4.375/64 (Lei do Serviço Militar);

VII. nos dias em que estiver comprovadamente realizando provas de exame vestibular para ingresso em estabelecimento de ensino superior;

VIII. pelo tempo que se fizer necessário, quando tiver que comparecer a juízo;

IX. pelo tempo que se fizer necessário, quando, na qualidade de representante de entidade sindical, estiver participando de reunião oficial de organismo internacional do qual o Brasil seja membro;

X. até 2 (dois dias para acompanhar consultas médicas e exames complementares durante o período de gravidez de sua esposa ou companheira;

XI. pelo tempo necessário para acompanhar sua esposa ou companheira em até 6 (seis consultas médicas, ou em exames complementares, durante o período de gravidez;

XII. por 1 (um) dia por ano para acompanhar filho de até 6 (seis. anos em consulta médica;

XIII. até 3 (três) dias, em cada 12 (doze meses de trabalho, em caso de realização de exames preventivos de câncer devidamente comprovada.

Parágrafo único. O prazo a que se refere o inciso III do caput deste artigo será contado a partir da data de nascimento do filho.

5.1. HIPÓTESES DE INTERRUPÇÃO

a. Férias

No período de férias, o empregado deixa de trabalhar e recebe o salário referente ao mês não trabalhado. Além disso, o tempo não trabalhado é computado para todos os efeitos legais.

b. Descanso semanal remunerado e feriados

Em ambos os casos, o empregado recebe seu salário normalmente e o tempo não trabalhado é computado como tempo de serviço.

c. Faltas justificadas

As faltas, desde que justificadas pelo empregado, não deverão ensejar no desconto da remuneração e nem na pausa da contabilidade do tempo de serviço, sendo considerada uma modalidade de interrupção.

d. Licença-maternidade

O período de 120 dias de afastamento ocorre sem prejuízo do salário. O tempo também é contabilizado como tempo de contribuição.

e. Licença-paternidade

Da mesma forma que a licença-maternidade, trata-se de uma forma de interrupção de contrato de trabalho.

f. Afastamento por doença ou acidente nos 15 primeiros dias

O detalhe aqui encontra-se no período do afastamento. Até os 15 primeiros dias, o salário é devido normalmente pelo empregador. Já a partir do 16º dia, o empregado passa a receber do próprio INSS, não mais do empregador, deixando então de ser hipótese de interrupção. Portanto, a interrupção se configura apenas nos primeiros 15 dias de afastamento.

g. Aborto não criminoso

A CLT garante à gestante que sofreu o aborto (desde que não criminoso) o repouso de duas semanas sem que isso interfira na sua remuneração.

5.2. HIPÓTESES DE SUSPENSÃO

a. Afastamento por doença ou acidente por mais de 15 dias

Como vimos, a partir do 16º dia de afastamento, o INSS fica responsável pelo pagamento do empregado, desencadeando assim a suspensão do contrato de trabalho.

b. Suspensão disciplinar

Como o próprio nome discrimina, a suspensão, por ser disciplinar, não dará direito ao pagamento de salário nem ao cômputo do tempo.

c. Faltas injustificadas

As faltas injustificadas são causas de suspensão.

d. Período de participação do empregado em cursos ou programas de qualificação profissional oferecidas pelo empregador

Nos termos do art. 476-A da CLT, o empregador poderá suspender o contrato de trabalho por um período de 1 a 5 meses a fim de que o empregado participe de qualificação profissional.

> **Art. 476**-A. O contrato de trabalho poderá ser suspenso, por um período de dois a cinco meses, para participação do empregado em curso ou programa de qualificação profissional oferecido pelo empregador, com duração equivalente à suspensão contratual, mediante previsão em convenção ou acordo coletivo de trabalho e aquiescência formal do empregado, observado o disposto no art. 471 desta Consolidação.

e. Greve

Salvo os casos definidos em acordo ou convenção coletiva, a greve é considerada uma hipótese de suspensão.

f. Aposentadoria por invalidez

Previsão no art. 475 da CLT, o empregado que for aposentado por invalidez, terá suspenso o seu contrato de trabalho.

> **Art. 475** - O empregado que for aposentado por invalidez terá suspenso o seu contrato de trabalho durante o prazo fixado pelas leis de previdência social para a efetivação do benefício.

5.3. SERVIÇO MILITAR

Duas situações um pouco peculiares: o serviço militar, por exemplo, se enquadra nas figuras de faltas justificadas. Porém, em que pese a justificativa plausível, o indivíduo não é remunerado durante o tempo de serviço, malgrado seja contabilizado o período para os efeitos de indenização e estabilidade celetista. A doutrina majoritária entende que o serviço militar é uma hipótese de suspensão do contrato de trabalho. Mas há ainda uma doutrina minoritária que acredita se tratar de interrupção.

Já adianto que, devido à divisão de opiniões a respeito do tema, é pouco provável que o assunto seja abordado nas provas de concurso, pois a banca entende que será um assunto passível de anulações.

5.4. VANTAGENS GARANTIDAS AO EMPREGADO

O empregado que se encontrava com contrato de trabalho interrompido ou suspenso, findo o prazo de ambos e declarada a volta do empregado ao trabalho, este terá direito a receber todas as vantagens obtidas pela sua categoria, durante seu afastamento, consoante o art. 471 da CLT.

> Art. 471 - Ao empregado afastado do emprego, são asseguradas, por ocasião de sua volta, todas as vantagens que, em sua ausência, tenham sido atribuídas à categoria a que pertencia na empresa.

01. Ano: 2023 Banca: IBFC Órgão: Prefeitura de Cuiabá - MT Prova: IBFC - 2023 - Prefeitura de Cuiabá - MT - Apoio Jurídico

Acerca das disposições da Consolidação das Leis do Trabalho sobre suspensão e interrupção do contrato de trabalho, assinale a alternativa incorreta.

A) Ao empregado afastado do emprego, são asseguradas, por ocasião de sua volta, todas as vantagens que, em sua ausência, tenham sido atribuídas à categoria a que pertencia na empresa

B) A suspensão do empregado por mais de 30 (trinta) dias consecutivos importa na rescisão com justa causa do contrato de trabalho

C) O empregado poderá deixar de comparecer ao serviço sem prejuízo do salário, até 2 (dois) dias consecutivos, em caso de falecimento do cônjuge, ascendente, descendente, irmão ou pessoa que, declarada em sua carteira de trabalho e previdência social, viva sob sua dependência econômica

D) O afastamento do empregado em virtude das exigências do serviço militar, ou de outro encargo público, não constituirá motivo para alteração ou rescisão do contrato de trabalho por parte do empregador

02. Ano: 2022 Banca: Integri Brasil Assessoria e Consultoria Prova: Integri Brasil Assessoria e Consultoria - Prefeitura de Socorro - Procurador Jurídico - 2022

Assinale a alternativa correta:

A) As principais consequências da suspensão do contrato de trabalho são: o empregado não presta serviços e não se mantém à disposição do empregador; o empregador não paga salários e; o período de suspensão é computado como tempo de serviço.

B) As principais consequências da interrupção do contrato de trabalho são: o empregado não presta serviços e não se mantém à disposição do empregador; o empregador paga os salários normalmente e; o período de interrupção não é computado como tempo de serviço.

C) Ao empregado afastado do emprego, são asseguradas, por ocasião de sua volta, todas as vantagens que, em sua ausência, tenham sido atribuídas à categoria a que pertencia na empresa.

D) O empregado poderá deixar de comparecer ao serviço sem prejuízo de salário até 3 dias consecutivos, em caso de falecimento do cônjuge, ascendente, descendente, irmão ou pessoa que, declarada em sua carteira de trabalho e previdência social, viva sob sua dependência econômica.

01.

A) Correta: Art. 471, da CLT: Ao empregado afastado do emprego, são asseguradas, por ocasião de sua volta, todas as vantagens que, em sua ausência, tenham sido atribuídas à categoria a que pertencia na empresa.

B) Errada: A suspensão do empregado por mais de 30 (trinta) dias consecutivos importa na **rescisão indireta do contrato de trabalho** (art. 474, da CLT).

C) Correta: Art. 473, I, da CLT: O empregado poderá deixar de comparecer ao serviço sem prejuízo do salário: I - até 2 (dois) dias consecutivos, em caso de falecimento do cônjuge, ascendente, descendente, irmão ou pessoa que, declarada em sua carteira de trabalho e previdência social, viva sob sua dependência econômica.

D) Correta: Art. 472 da CLT: O afastamento do empregado em virtude das exigências do serviço militar, ou de outro encargo público, não constituirá motivo para alteração ou rescisão do contrato de trabalho por parte do empregador.

02.

A) Errada: As principais consequências da *suspensão* do contrato de trabalho são: o empregado não presta serviços e não se mantém à disposição do empregador; o empregador não paga salários e; o período de suspensão **NÃO** é **computado como tempo de serviço.**

B) Errada: As principais consequências da *interrupção* do contrato de trabalho são: o empregado não presta serviços e não se mantém à disposição do empregador; o empregador paga os salários normalmente e; o período de interrupção É computado como tempo de serviço.

C) Correta: Previsão no art. 471, da CLT.

D) Errada: Artigo 473, I, da CLT: O empregado poderá deixar de comparecer ao serviço sem prejuízo do salário: I - até 2 (dois) dias consecutivos, em caso de falecimento do cônjuge, ascendente, descendente, irmão ou pessoa que, declarada em sua carteira de trabalho e previdência social, viva sob sua dependência econômica;

6 SALÁRIO E REMUNERAÇÃO

6.1. NOÇÕES GERAIS

Primeiramente, há de se mencionar a diferença de salário e remuneração. Malgrado seja comum a utilização de ambos os termos como uma só coisa, existe uma linha tênue que separa os conceitos.

Podemos definir o salário como sendo a contraprestação paga diretamente pelo empregador ao empregado em decorrência dos serviços prestados.

É importante observar que o salário é aquele pago diretamente pelo empregador, não incorporando, por exemplo, as gorjetas.

Por remuneração, podemos considerar que é a totalidade dos valores recebidos pelo empregado. Por ser um conceito mais amplo, nele estão inclusos a hora extra, a gorjeta, os adicionais, a comissão, a gratificação, *o salário*, entre outros.

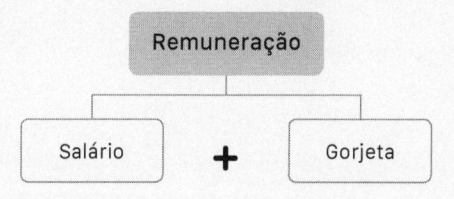

Repare que o salário, portanto, é uma espécie de remuneração. A própria CLT, em seu art. 457 faz claramente a distinção de ambos:

> **Art. 457** - Compreendem-se na remuneração do empregado, para todos os efeitos legais, além do salário devido e pago diretamente pelo empregador, como contraprestação do serviço, as gorjetas que receber.

Apenas para enriquecimento de conhecimentos gerais, revelo que a palavra Salário deriva do latim *salarium*, que significa relativo ao sal. Isso porque, juntamente com o gado, o sal foi uma das primeiras e principais formas de escambo.[2] A troca de mercadoria pelo metal(moeda) foi acontecer de forma definitiva depois de muitos anos. O Ilustre José Martins Catharino relata:

> "A palavra salário deriva do latim salarium, e este de sal, porque era costume entre os romanos, pagarse aos servidores domésticos em quantidade de sal, como também denominava-se 'sal' o pagamento que se fazia às Legiões Romanas, para que os soldados comprassem comida."

Assim, ficou consagrado que a palavra *salário* teria como sinônimo o pagamento por uma prestação de serviços.

6.2. DIFERENÇA DE SALÁRIO COM OUTROS OBJETOS

Nem tudo que o empregado recebe pela prestação de serviços tem natureza salarial. Por isso, é muito importante entender a distinção entre verbas salariais e as não salariais, haja vista as verbas salariais servem de base de cálculo para outras obrigações devidas pelo empregador. Além disso, apenas as parcelas salarias terão descontos referentes a encargos legais, que serão destinados ao INSS e ao FGTS, por exemplo.

Elencamos algumas figuras que não têm natureza salarial. Vejamos:

a. **Indenizações**: A indenização é uma forma de reparar algum dano. Só será devida se houver perda o lesão de algum direito;

b. **Benefícios previdenciários**: São todos aqueles pagamentos efetuados pelo INSS (Instituto Nacional de Seguro Social) para aqueles que são segurados. Entre eles estão: aposentadoria, auxílio-acidente, auxílio-doença etc.

c. **Complementação previdenciária**: Nas palavras de Vicente Paulo e Marcelo Alexandrino, complementação previdenciária são os pagamentos que o empregador efetua para o empregado a fim de cobrir a diferença entre o que ele recebera da Previdência Social e o que ganharia caso estivesse em serviço.

d. **Recolhimento parafiscais**: São pagamentos legais de natureza tributária que são exigidos pelo Poder Público do empregador, como a Contribuição para Seguro de Acidente de Trabalho (SAT), onde o beneficiário é o INSS.

e. **Direitos intelectuais**: São aqueles direitos que decorrem de uma criação, uma invenção de autoria de um ou vários indivíduos. Como exemplo, o autor de um livro possuí direitos morais e patrimoniais resultantes de sua obra.

---

2 Troca de mercadorias sem fazer o uso de moeda. Permuta.

f. **Participação nos lucros**: A participação nos lucros nada mais é do que o pagamento efetuado ao empregado correspondente aos lucros que a empresa adquiriu em determinado período. A nossa Constituição Federal em seu art. 7º, XI, garante a participação nos lucros, nos resultados da empresa e, excepcionalmente, participação na gestão da empresa. De qualquer forma, em nenhuma das hipóteses o pagamento deverá ser considerado salário.

Verbas de Natureza Não Salarial
Indenizações
Benefícios Previdenciários
Complementação Previdênciária
Recolhimento Parafiscal
Direitos Intelectuais
Participação nos Lucros

6.3. SALÁRIO E SUAS DENOMINAÇÕES

Não perdendo a base do conceito principal de que o salário é uma prestação paga obrigatoriamente pelo empregado ao empregado pelos serviços por ele prestados, podemos conceituar algumas das principais espécies de salário, sendo eles o salário-mínimo, salário variável, entre outros.

a. **Salário-mínimo**

Incorporado no art. 7, IV, da Constituição Federal, trata-se do valor mínimo assegurado ao empregado:

> **Art. 7º** São direitos dos trabalhadores urbanos e rurais, além de outros que visem à melhoria de sua condição social:
>
> IV - salário-mínimo, fixado em lei, nacionalmente unificado, capaz de atender as suas necessidades vitais básicas e às de sua família com moradia, alimentação, educação, saúde, lazer, vestuário, higiene, transporte e previdência social, com reajustes periódicos que lhe preservem o poder aquisitivo, sendo vedada sua vinculação para qualquer fim;

O legislador visou aqui garantir uma quantia mínima que acredita ser o suficiente para a subsistência do indivíduo. Sabemos que o valor está longe de conseguir sustentar tranquilamente uma família. Mas, ainda assim, é uma forma de garantir que o empregador não abuse do poder e autonomia que possuí propondo ofertas de trabalho com valores inferiores ao mínimo.

b. Salário complessivo[3]

Se trata do salário como valor cheio, sem as devidas discriminações de valores que constam na folha de pagamento. É uma forma de salário rejeitada pela CLT.

c. Salário in natura

Abordado no art. 458 da CLT, se trata de uma contraprestação não monetária. Ou seja, é um pagamento que não é realizado em dinheiro, podendo ser serviços, objetos, benefícios, etc.

> Art. 458 - Além do pagamento em dinheiro, compreende-se no salário, para todos os efeitos legais, a alimentação, habitação, vestuário ou outras prestações "in natura" que a empresa, por força do contrato ou do costume, fornecer habitualmente ao empregado. Em caso algum será permitido o pagamento com bebidas alcoólicas ou drogas nocivas.

6.4. FORMAS DE PAGAMENTO

É possível considerar três requisitos para que seja realizado o pagamento. Vejamos:

a. Tempo

É a forma mais tradicional de pagamento, onde o empregado recebe pelo tempo trabalhado, podendo ser horas, dias ou mês. Aqui, pouco importa o tipo de trabalho desenvolvido.

b. Produção

Nesta modalidade, o pagamento é feito com base no número de unidades produzidas pelo empregado. O pagamento poderá ser realizado diariamente, semanalmente ou mensalmente, mas sempre com base na quantidade de unidades produzidas.

c. Tarefa

Podemos considerar que o pagamento por tarefas é do tipo híbrido, pois, para o cálculo do salário devido, são considerados tanto a produção do empregado como o tempo utilizado para a finalização do trabalho.

Assim, fica estipulado um tempo para a conclusão da tarefa e, caso o empregado finalize antes do fim de sua jornada, poderá se retirar do local de trabalho já que terá concluído sua obrigação.

---

3 É o salário realizado onde o pagamento não vem com a devida discriminação dos valores pagos. Por essa razão, ele é também conhecido como salário indiscriminado. Não há especificações na folha de pagamento deixando cristalino o que compõe a remuneração do trabalhador, vindo como um valor único.

6.5. MEIOS DE PAGAMENTO

Como mencionado anteriormente, é possível que se realize as contra-prestações pelos serviços prestados em espécie (dinheiro) e por meio de utilidades, como cestas básicas, pagamento de mensalidade escolar, plano de saúde etc. Porém, a fim de proteger o obreiro, o legislador impôs algumas regras para cada meio de pagamento. Vejamos:

a. Pagamento em dinheiro

O meio mais tradicional e utilizado nas relações de emprego, é a contraprestação paga por meio de moeda corrente nacional. Todavia, os pagamento realizado em moeda estrangeira não poderão ser considerados, sob pena de nulidade. Tal instituto está previsto no art. 463 da CLT:

> **Art. 463** - A prestação, em espécie, do salário será paga em moeda corrente do País.
>
> **Parágrafo único** - O pagamento do salário realizado com inobservância deste artigo considera-se como não feito.

Ainda, os arts. 465 e 465 da CLT esclarecem que o pagamento deverá ser realizado em dias úteis, no horário de trabalho do empregado ou logo após o fim do seu expediente e dentro do estabelecimento do empregado, ressalvada as hipóteses em que o pagamento for efetuado por meio de depósito e transferência bancária.

Ademais, vale lembrar que os pagamentos deverão acontecer mediante recibo e dentro do prazo de até o 5º dia útil do mês subsequente ao trabalhado.

b. Cheque ou depósito bancário

A Lei nº 9.528/1997 autoriza o pagamento realizado por depósito bancário, desde que haja o consentimento do empregado, a conta seja individual de titularidade do empregado e a agência bancária seja próxima ao local de trabalho, servindo o comprovante do depósito como recibo.

Já o pagamento mediante cheque tem previsão na Portaria de nº 3.282/1984 do Ministério do Trabalho e autoriza, desde que com o consentimento do obreiro, o pagamento do salário em cheques emitidos exclusivamente pelo empregador, sendo vedada essa hipótese nos casos em que o empregado for analfabeto.

Os pagamentos por meio de nota promissória ou letra de câmbio são vedadas nas jurisprudências.

c. Utilidades

A previsão do pagamento em utilidades está no art. 458 da CLT, que considera como salário tudo aquilo que for pago habitualmente como contraprestação pelos serviços prestados. O art. Também faz proibições do pagamento feito com bebidas alcoólicas ou entorpecentes.

Importante lembrar que não será possível o pagamento integral do salário em utilidades, sendo obrigatório obedecer o percentual mínimo de 30% em moeda nacional.

> **Art. 82** - Quando o empregador fornecer, in natura, uma ou mais das parcelas do salário-mínimo, o salário em dinheiro será determinado pela fórmula Sd = Sm - P, em que Sd representa o salário em dinheiro, Sm o salário-mínimo e P a soma dos valores daquelas parcelas na região, zona ou subzona.
>
> **Parágrafo único** - O salário-mínimo pago em dinheiro não será inferior a 30% (trinta por cento) do salário-mínimo fixado para a região, zona ou subzona.

Aqui vale uma dica para as provas de OAB e concursos públicos: tudo aquilo que for fornecido para a realização do trabalho, mesmo que de forma habitual e gratuita, não será considerado salário. Apenas terá natureza salarial as utilidades e benefícios que forem fornecidas em decorrência do serviço prestado.

Podemos usar como um exemplo de utilidade *sem natureza salarial*, o vestuário fornecido ao empregado para usar como uniforme no trabalho. Repare que são vestuários *para o trabalho*, não *pelo trabalho*.

Além disso, caso a utilidade seja fornecida esporadicamente, mesmo que de forma gratuita, não poderá ser considerada salário. É fundamental que, **além de ser pelo trabalho prestado, o benefício seja gratuito e habitual.**

Em relação às hipóteses que não têm natureza salarial, o parágrafo 2º do art. 458 traz um rol exemplificativo das utilidades pagas pelo empregador e que não serão consideradas salário:

Art. 458, §2°. Para os efeitos previstos neste artigo, não serão consideradas como salário as seguintes utilidades concedidas pelo empregador:

I – vestuários, equipamentos e outros acessórios fornecidos aos empregados e utilizados no local de trabalho, para a prestação do serviço;

II – educação, em estabelecimento de ensino próprio ou de terceiros, compreendendo os valores relativos a matrícula, mensalidade, anuidade, livros e material didático;

III – transporte destinado ao deslocamento para o trabalho e retorno, em percurso servido ou não por transporte público;

IV – assistência médica, hospitalar e odontológica, prestada diretamente ou mediante seguro-saúde;

V – seguros de vida e de acidentes pessoais;

VI – previdência privada;

VII – (VETADO)

VIII - o valor correspondente ao vale-cultura.

§ 3° - A habitação e a alimentação fornecidas como salário-utilidade deverão atender aos fins a que se destinam e não poderão exceder, respectivamente, a 25% (vinte e cinco por cento) e 20% (vinte por cento) do salário-contratual.

§ 4° - Tratando-se de habitação coletiva, o valor do salário-utilidade a ela correspondente será obtido mediante a divisão do justo valor da habitação pelo número de coabitantes, vedada, em qualquer hipótese, a utilização da mesma unidade residencial por mais de uma família.

§ 5o O valor relativo à assistência prestada por serviço médico ou odontológico, próprio ou não, inclusive o reembolso de despesas com medicamentos, óculos, aparelhos ortopédicos, próteses, órteses, despesas médico-hospitalares e outras similares, mesmo quando concedido em diferentes modalidades de planos e coberturas, não integram o salário do empregado para qualquer efeito nem o salário de contribuição, para efeitos do previsto na alínea q do § 9° do art. 28 da Lei n° 8.212, de 24 de julho de 1991.

Lembrando que esse é um rol meramente exemplificativo, podendo existir outras hipóteses em que a natureza salarial não será configurada.

Por fim, vale destacarmos a Súmula n°367 do TST, que diz:

SÚMULA N° 367 do TST: Utilidades "in natura". Habitação. Energia elétrica. Veículo. Cigarro. Não integração ao salário.

I - A habitação, a energia elétrica e veículo fornecidos pelo empregador ao empregado, quando indispensáveis para a realização do trabalho, não têm natureza salarial, ainda que, no caso de veículo, seja ele utilizado pelo empregado também em atividades particulares.

II - O cigarro não se considera salário utilidade em face de sua nocividade à saúde. *Res. 129/2005, DJ 20, 22 e 25.04.2005.*

6.6. NORMAS DE PROTEÇÃO AO SALÁRIO

Devido à natureza alimentar e essencial à subsistência, o salário recebe uma proteção especial em todos os seus aspectos, como a forma de pagamento, os descontos permitidos etc. Vejamos a seguir algumas regras de proteção salarial.

a. Periodicidade do pagamento

O pagamento do salário do empregado, como já vimos, deve ocorrer até o 5º dia útil do mês subsequente trabalhado, sendo o sábado considerado dia útil para efeitos de pagamento. Porém, as gorjetas, comissões, gratificações, entre outros adicionais que compões a remuneração, poderão ocorrer em período superior (art. 459 da CLT).

O atraso no pagamento pode ensejar em uma rescisão indireta do contrato de trabalho.

Ademais, considerar-se-á prova de pagamento o recibo ou comprovante de depósito bancário. No judiciário, a prova testemunhal não será considerada prova de pagamento caso não haja com ela outros elementos de prova.

b. Inalterabilidade

A modificação da forma e do modo de pagamento só será possível com mútuo consentimento e desde que não seja prejudicial para o obreiro.

c. Irredutibilidade

Em regra, o salário será irredutível. Porém, a exceção comporta irredutibilidade caso haja convenção ou acordo coletivo.

d. Impenhorabilidade

Salvo os casos de desconto direto em folha referente à pensão alimentícia e descontos decorrentes de condenação ao pagamento de multa por prática de ilícito penal, o empregado não poderá ter seu salário penhorado.

e. Intangibilidade ou integralidade

O art. 462 da CLT proíbe o empregador de efetuar descontos nos salários dos empregados, salvo quando este resultar de adiantamentos, de dispositivos de lei ou de contrato coletivo.

Alguns exemplos de descontos permitidos são os planos de saúde, planos odontológicos, planos de previdência privada e outros, desde que sejam todos previamente autorizados de forma escrita pelo empregado.

Além disso, é possível os descontos no salário caso o empregado cause algum dano ao empregador com a existência de dolo.

Ainda, deve-se se atentar às diferenças de verbas de natureza salarial e indenizatória. Para facilitar a identificação de cada instituto, basta se perguntar: "A obrigação está se originando de quem está pagando ou de quem está recebendo?"

Caso a obrigação tenha se originado de quem está pagando, será natureza indenizatória. Por outro lado, se a origem foi dada por quem recebe, será natureza salarial. Assim, podemos tomar como exemplo o vale transporte fornecido ao empregado. Repare que a obrigação se originou com o empregador, que fez acontecer a necessidade de locomoção do empregado até a empresa. Nesse caso, o valo transporte terá natureza indenizatória. Já o empregado que fez horas extras na empresa (origem), deverá receber o adicional correspondente às horas extras trabalhadas (natureza salarial).

6.7. EQUIVALÊNCIA E EQUIPARAÇÃO SALARIAL

O art. 460 da CLT prevê que, "na falta de estipulação do salário ou não havendo prova sobre a importância ajustada, o empregado terá direito a perceber salário igual ao daquela que, na mesma empresa, fizer serviço equivalente ou do que for habitualmente pago para serviço semelhante".

Ou seja, caso haja contratação de empregado sem salário estipulado, poderá ser pleiteado em juízo o salário equivalente ao de outro empregado da empresa que exerça os mesmos serviços.

Já no art. 461 da CLT, o legislador quis proteger o empregado de preconceitos e distinções feitas pelo empregador e que pudessem refletir na quantia paga para cada empregado. Vejamos:

> Art. 461. Sendo idêntica a função, a todo trabalho de igual valor, prestado ao mesmo empregador, no mesmo estabelecimento empresarial, corresponderá igual salário, sem distinção de sexo, etnia, nacionalidade ou idade.

Ainda, nos parágrafos do mesmo artigo, o legislador elenca algumas regras a serem observadas no âmbito da equiparação.

Para que haja a equiparação com outro empregado, a primeira regra é a de que o trabalho deve ter igual produtividade e perfeição técnica; além disso, a diferença de tempo na função exercida não poderá ser superior a dois anos, enquanto o tempo de serviço dentro da empresa não poderá ser superior a quatro anos.

Equiparação Salarial		
Igual produtividade		
Mesma perfeição técnica		
Diferença no tempo de função não superior a 2 anos		
Diferença no tempo de serviço dentro da empresa não superior a 4 anos		

Ainda, não será possível a equiparação em empresas que tenham estabelecido plano de carreira, cargos e salários.

Por fim, ressalta-se que aquele empregado que fora readaptado em nova função por motivo de deficiência física ou mental atestada pelo órgão competente da Previdência Social, não servirá de base para uma equiparação salarial.

Caso seja comprovada a discriminação por motivo de sexo ou etnia, ficará o empregador obrigado a pagar multa no importe de 50% do limite máximo dos benefícios do Regime Geral de Previdência Social, além de pagar a diferença salarial constatada.

6.8. GRATIFICAÇÃO NATALINA (13º SALÁRIO)

Instituído em 1962, no governo de João Goulart, o 13º salário – também conhecido como Gratificação Natalina), é um salário (*natureza salarial*) "extra", que é pago ao empregado com base na remuneração de dezembro de cada ano ou de forma proporcional no último mês do contrato do empregado, caso esse seja rompido.

É importante mencionar que todo e qualquer empregado faz jus ao 13º, inclusive os empregados domésticos.

Quanto à forma de pagamento, deve-se observar algumas regras estabelecidas pelo legislador:

a. O pagamento deve ser realizado em duas parcelas, devendo a primeira ocorrer entre os meses de fevereiro e novembro de cada exercício. Nesse caso, o valor pago deverá corresponder a metade do salário do mês anterior ao pagamento.

b. A segunda parcela deverá acontecer até o dia 20 de dezembro respectivo ano, sendo debitado o valor que já fora adiantado na primeira parcela. Para o cálculo do valor a ser pago, soma-se todas as remunerações pagas ao empregado incluindo a média de gorjetas, se necessário.

Por fim, a gratificação natalina tem sua previsão legal nas leis nº 4.749/65 nº 4.090/62 e sempre será devida de forma proporcional nos casos de dispensa sem justa causa. Nas hipóteses de dispensa por justa causa, fica o empregador dispensado de efetivar o pagamento do 13º salário.

✦ EXERCÍCIOS DE FIXAÇÃO

01. Ano: 2022 Banca: Fundação para o Vestibular da Universidade Estadual Paulista - VUNESP Prova: VUNESP - Prefeitura de Jundiaí - Analista de Planejamento Gestão e Orçamento - Área: Direito – 2022

A reforma trabalhista trouxe algumas mudanças no que se refere à isonomia salarial. Sobre o tema, assinale a alternativa que está de acordo com o novo texto da CLT.

A) Trabalho de igual valor será o que for feito com igual produtividade e com a mesma perfeição técnica, entre pessoas cuja diferença de tempo de serviço para o mesmo empregador não seja superior a dois anos.

B) Sendo idêntica a função, a todo trabalho de igual valor, prestado na mesma localidade, corresponderá igual salário, sem distinção de sexo, etnia, nacionalidade ou idade.

C) A equiparação salarial só será possível entre empregados contemporâneos no cargo ou na função, ficando vedada a indicação de paradigmas remotos, ainda que o paradigma contemporâneo tenha obtido a vantagem em ação judicial própria.

D) Trabalho de igual valor será o que for feito com igual produtividade e com a mesma perfeição técnica, entre pessoas cuja diferença de tempo na função não seja superior a quatro anos.

E) No caso de comprovada discriminação por motivo de sexo, idade ou etnia, o juízo determinará, além do pagamento das diferenças salariais devidas, multa, em favor do empregado discriminado, no valor de 80% (oitenta por cento) do limite máximo dos benefícios do Regime Geral de Previdência Social.

02. Ano: 2022 Banca: Fundação Getúlio Vargas - FGV Prova: FGV - OAB – Advogado, 2022.

A partir de 2021, uma determinada sociedade empresária passou a oferecer aos seus empregados, gratuitamente, plano de saúde em grupo como forma de fidelizar a sua mão de obra e para que o empregado se sinta valorizado. O plano oferece uma boa rede credenciada e internação, se necessária, em enfermaria. Tanto o empregado quanto os seus dependentes são beneficiários. Todos os empregados se interessaram pelo plano e assinaram o documento respectivo de adesão.

Em relação a essa vantagem, de acordo com a CLT, assinale a afirmativa correta.

A) O benefício não é considerado salário utilidade e, assim, não haverá qualquer reflexo.

B) O plano, por se tratar de salário *in natura*, vai integrar o salário dos empregados pelo seu valor real.

C) O valor do plano deverá ser integrado ao salário dos empregados pela metade do seu valor de mercado.

D) O valor relativo ao empregado não será integrado ao salário, mas o valor referente aos dependentes refletirá nos demais direitos do trabalhador.

01.

A) Errada: Art. 461, §1º, da CLT: Trabalho de igual valor, será o que for feito com igual produtividade e com a mesma perfeição técnica, entre pessoas cuja diferença de **tempo de serviço para o mesmo empregador não seja superior a quatro anos** e a **diferença de tempo na função não seja superior a dois anos.**

B) Errada: Além de todos os requisitos mencionados na questão, faltou citar o requisito temporal referente ao tempo de serviço e de função do empregado.

C) Correta: Art. 461 da CLT: A equiparação salarial só será possível entre empregados contemporâneos no cargo ou na função, ficando vedada a indicação de paradigmas remotos, ainda que o paradigma contemporâneo tenha obtido a vantagem em ação judicial própria.

D) Errada: Trabalho de igual valor será o que for feito com igual produtividade e com a mesma perfeição técnica, entre pessoas cuja diferença de tempo na função **não seja superior a dois anos.**

E) Errada: Comprovada a discriminação por motivo de sexo, idade ou etnia, o juízo determinará, além do pagamento das diferenças salariais devidas, multa, em favor do empregado discriminado, no **valor de 50% (cinquenta por cento)** do limite máximo dos benefícios do Regime Geral de Previdência Social (art. 461, §6º, da CLT).

02.

A) Correta: Art. 458. §2º, IV, da CLT: Para os efeitos previstos neste artigo, **não serão consideradas como salário as seguintes utilidades** concedidas pelo empregador: **assistência médica**, hospitalar e odontológica, prestada diretamente ou mediante seguro-saúde;

B) Errada: O plano não é considerado salário *in natura*.

C) Errada: O plano não poderá ser integrado ao salário pois não é considerado um salário *in natura*.

D) Errada: Nenhum valor será integrado ao salário, nem mesmo os valores referentes aos dependentes.

7 AVISO PRÉVIO

7.1. CONCEITO

Em simples palavras, o aviso prévio nada mais é do que a ciência dada pelo empregado ao empregador (ou o contrário), da sua intenção de rescindir o contrato de trabalho.

Repare que o aviso prévio pode ser devido tanto pelo empregado como pelo empregador. Em regra, é uma figura específica do contrato de trabalho de prazo indeterminado e encontra sua base legal no art. 7º, XXI, da Constituição Federal. A exceção se encontra nos contratos de trabalho de prazo determinado com cláusula assecuratória de direito recíproco de rescisão antecipada, como já estudamos anteriormente.

A explicação do aviso prévio ser, em regra, devido apenas nos contratos de prazo indeterminado, é que nessa modalidade há a surpresa do rompimento contratual. O aviso prévio serve para preparar o indivíduo surpreendido para o futuro após a rescisão. Assim, caso já esteja estabelecido em contrato a duração dos serviços prestados, não haverá surpresas na ruptura.

Ou seja, caso o empregador decida por demitir o seu funcionário, deverá haver o aviso prévio para que haja tempo dele se programar com suas despesas, buscar novas oportunidades de emprego etc.

Inclusive, visando a proteção do empregado demitido, o legislador definiu que poderá ser reduzido até 2 horas de sua jornada de trabalho sem que haja descontos no salário. Entende-se que a redução da jornada facilitaria a busca por novas vagas no mercado de trabalho, já que a procura poderia ocorrer ainda dentro do horário comercial (art. 488, da CLT).

O mesmo ocorre quando a rescisão se dá por parte do empregado. Ao anunciar o desejo de demissão, deverá este cumprir o aviso prévio para que o empregador possa organizar o futuro desfalque em sua equipe.

Em suma, nos contratos de trabalho de prazo indeterminado, o aviso prévio será devido nas rescisões sem justa causa ou no pedido de demissão.

Aviso Prévio	
Contrato de prazo indeterminado	✔
Contrato de prazo determinado	✘
Contrato de prazo determinado com cláusula assecuratória de direito recíproco	✔
Rescisão sem justa causa	✔
Rescisão com justa causa	✘
Pedido de demissão	✔
Culpa recíproca e rescisão acordada	Pela Metade

Para que haja o aviso prévio nos contratos de prazo determinado, é necessário que haja cláusula assecuratória de direito recíproco de rescisão antecipada. A cláusula presente nesse contrato garante às partes o direito de receber todas as verbas trabalhistas como se contrato indeterminado fosse.

Existem, ainda, duas modalidades de aviso prévio: a indenizada e a trabalhada. Abordaremos sobre o assunto posteriormente.

7.2. PRAZOS

O art. 487 da CLT esclarece que quem rescindir o contrato de trabalho deverá dar o aviso prévio à outra parte pelo prazo mínimo de:

a. **8 dias:** se o pagamento por semana ou tempo inferior;

b. **30 dias:** se o pagamento for efetuado quinzenalmente ou mensalmente, ou, ainda, nos casos em que exista mais de 12 meses de serviços na empresa.

Ainda, o parágrafo único do art. 1º da Lei 12.506/11 dispõe que **serão acrescidos 3 dias** de aviso prévio **por cada ano de serviços prestados** na empresa, podendo esse adicional atingir o **máximo de 60 dias**, chegando num **total máximo de 90 dias** de aviso prévio.

Tempo de Serviço	Duração do Aviso Prévio
Até 1 ano	30 dias
1 ano	30 + 3 = 33 dias
2 anos	30 + 6 = 36 dias
3 anos	30 + 9 = 39 dias
10 anos	30 + 30 = 60 dias
20 anos	30 + 60 = 60 dias

7.2.1. CONTAGEM DO PRAZO

Segundo a Súmula 380, do TST, a contagem do prazo do aviso prévio obedece as mesmas regras do Código Civil. Ou seja, exclui-se o dia do começo e inclui-se o dia do vencimento.

Além disso, o tempo do aviso prévio soma-se ao tempo de contrato de trabalho para todos os efeitos legais, inclusive de contribuições previdenciárias. Em consequência disso, o contrato de trabalho só será extinto de fato após concluído o último dia do aviso prévio prestado (art. 489, da CLT). Na anotação da CTPS, a data de saída do empregado deve ser correspondente à data do último dia do aviso prévio, mesmo que seja do tipo indenizado.

Por ser considerado tempo de serviço para todos os efeitos legais, mesmo durante o curso do aviso-prévio, o empregado terá direito a qualquer reajuste salarial coletivo.

> **Art. 489** - Dado o aviso prévio, a rescisão torna-se efetiva depois de expirado o respectivo prazo, mas, se a parte notificante reconsiderar o ato, antes de seu termo, à outra parte é facultado aceitar ou não a reconsideração.

7.3. EFEITOS DO AVISO PRÉVIO NÃO TRABALHADO

Caso o empregado peça demissão e não cumpra o aviso-prévio na empresa, o empregador poderá realizar os devidos descontos do salário no valor correspondente ao prazo devido.

Da mesma forma que, caso o empregador demita seu funcionário sem justa causa, este fará jus aos valores correspondentes ao prazo do aviso prévio (indenizado) devido.

Importante analisar que existe uma Súmula do TST (n° 276) que garante ao empregado dispensado sem justa causa a renúncia ao aviso prévio caso, durante o seu cumprimento, apareça outra oportunidade de emprego. Essa condição só é válida caso o empregado comprove a obtenção do novo trabalho.

7.4. AVISO PRÉVIO INDENIZADO

Acontece nos casos em que o empregador não tem interesse em manter o funcionário trabalhando no interior da empresa e opta pelo rompimento de vínculo imediato. O aviso-prévio dado de forma indenizada surgiu para evitar possíveis situações constrangedoras que tendem a ocorrer após a notificação da demissão. Não é raro encontrarmos casos em que o empregado, ao ficar ciente das intenções do empregador, passa a realizar suas atividades de forma desleixada, com negligência e desídia.

Assim, a fim de evitar possíveis prejuízos e desentendimentos no ambiente de trabalho, é que o legislador permitiu que o empregador optasse pela melhor modalidade de aviso prévio, dentro de suas convicções.

Ademais, é igualmente possível o aviso prévio indenizado por parte do empregado. Quando este notifica a sua intenção de saída da empresa, poderá seguir com o aviso prévio trabalhado, bem como poderá indenizar o empregador aos meses correspondentes ao tempo de aviso.

Porém, urge realçar que, nos casos do aviso prévio trabalhado originado pelo empregado, não haverá possibilidades de redução de 2 horas da jornada de trabalho. Isso porque subentende-se que se está pedindo demissão é porque já possuí emprego certo em outro local.

7.5. ESTABILIDADE DURANTE O AVISO PRÉVIO

Sabe-se que durante a garantia de emprego do empregado não será possível a concessão do aviso prévio visto que ele estaria protegido pela estabilidade, havendo incompatibilidade de institutos (Súm. n° 348 do TST).

Porém, caso o empregado já tenha sido notificado do aviso prévio, a regra é de que não é possível contrair a estabilidade durante seu curso.

Como exemplo podemos citar a estabilidade que é fornecida ao empregado candidato ao cargo de dirigente sindical. A estabilidade nesse caso ocorre para que o empregado fique protegido da possível dispensa decorrente do dissabor do empregador ao descobrir a sua candidatura ao cargo.

Porém, caso o empregado se candidate ao cargo apenas durante o período do aviso prévio (trabalhado ou indenizado), não será possível lhe garantir a estabilidade (Súm. 369, V, do TST).

A exceção se encontra nos casos de empregada gestante que descubra a sua gravidez no lapso do aviso prévio. Nesse caso, excepcionalmente, será garantida a estabilidade provisória à ela:

> Art. 391-A, da CLT: A confirmação do estado de gravidez advindo no curso do contrato de trabalho, ainda que durante o prazo do aviso prévio trabalhado ou indenizado, garante à empregada gestante a estabilidade provisória prevista na alínea b do inciso II do art. 10 do Ato das Disposições Constitucionais Transitórias."

7.6. AVISO PRÉVIO NO CONTRATO DE EXPERIÊNCIA

O contrato de experiência, como já vimos em capítulo anterior, é um contrato com regras específicas e de prazo determinado, que serve basicamente para verificar se o empregado está apto a realizar as atividades requeridas pela empresa, como um teste ou avaliação.

Nessa modalidade contratual, dois tipos de contratação serão possíveis:

a. Com cláusula assecuratória do direito recíproco de rescisão antecipada
b. Sem cláusula assecuratória de tal direito

Sabemos que a cláusula assecuratória garante às partes do contrato de prazo determinado, os mesmos direitos rescisórios existentes num contrato de prazo indeterminado:

> Art. 481, da CLT - Aos contratos por prazo determinado, que contiverem cláusula assecuratória do direito recíproco de rescisão antes de expirado o termo ajustado, aplicam-se, caso seja exercido tal direito por qualquer das partes, os princípios que regem a rescisão dos contratos por prazo indeterminado.

Dessa forma, a exemplo, caso o empregador rescinda o contrato e nele conste a cláusula assecuratória, o empregado terá direito a todas as verbas rescisórias, tais como férias, 13º salário e, inclusive, o aviso prévio.

É uma cláusula de exceção às regras pertinentes ao contrato de trabalho de prazo determinado, inclusive ao contrato de experiência, conforme prevê a Súm. 163 do TST.

7.7. **RECONSIDERAÇÃO DO PEDIDO**

A parte responsável pela rescisão contratual poderá se arrepender do ato, desde que seja antes do término do aviso prévio. Porém, o aceite da outra parte se faz necessário, sendo facultado a recusa. Caso haja a aceitação do pedido de reconsideração, o contrato de trabalho volta a correr normalmente. Exemplo: caso o empregador se arrependa de ter demitido o seu funcionário, poderá pedir a reconsideração do ato no decorrer do cumprimento do aviso. O empregado poderá aceitar ou não e, no caso de recusa, o contrato será extinto normalmente após o término do aviso prévio.

+ EXERCÍCIOS DE FIXAÇÃO

01. Ano: 2022 Banca: Fundação Carlos Chagas - FCC Prova: FCC - TRT 5 - Analista Judiciário - Área: Administrativa – 2022

Camélia é empregada celetista do Restaurante Prato Bom, tendo ingressado em 01/01/2013, na função de cozinheira. A empresa pretende rescindir o contrato da referida empregada em 31/12/2022, indenizando o aviso prévio. O salário de Camélia corresponde a R$ 2.100,00.

Nessa hipótese, com base na legislação federal vigente, o aviso prévio de Camélia deverá ser de:

A) R$ 3.360,00.

B) R$ 3.990,00.

C) R$ 4.200,00.

D) R$ 2.100,00.

E) R$ 3.500,00.

02. Ano: 2022 Banca: Fundação Universidade Empresa de Tecnologia e Ciências - FUNDATEC Prova: FUNDATEC - IPE SAÚDE RS - Analista de gestão em Saúde - Área: Direito – 2022

Jonas foi admitido, em 01 de janeiro de 2017, como entregador, pelo Supermercado Atacado Geral. Em razão das dificuldades financeiras decorrentes da pandemia de Covid-19, o empregador decidiu promover a dispensa do empregado em 12 de janeiro de 2021. Diante de tal quadro, é devido o aviso prévio de:

A) 30 dias.
B) 33 dias.
C) 36 dias.
D) 39 dias.
E) 42 dias.

01.

A) Errada.
B) Correta: Para responder essa questão é necessário lembrar que até 1 ano de trabalho, será devido 30 dias de aviso prévio. A partir do 1º ano, soma-se 3 dias para cada ano trabalhado, incluindo o primeiro (30+3; 30+6; 30+9... e assim sucessivamente).

Assim, se Camélia teve 9 anos de serviço, deveremos multiplicar 9x3= 27 dias.

Sabemos que o aviso prévio é de 30 dias + 27 dias, totalizando 57 dias de aviso prévio.

Adiante, é necessário descobrir quanto Camélia recebe por dia. Para isso, basta dividir o salário mensal por 30 (2100/30=70 reais por dia).

Então, referente aos 27 dias de aviso, Camélia deverá receber R$1.890,00 (70x27=1.890).

Por fim, basta somar um salário cheio com o salário referente aos 27 dias (2.100+1.890,00) chegando-se na resposta da questão: R$3.990,00.

C) Errada.
D) Errada.
E) Errada.

02.

A) Errada.
B) Errada.
C) Errada.
D) Errada.
E) Correta: Apesar dos números assustarem qualquer estudante de Direito, após entender a lógica, é possível resolver as questões referentes ao aviso prévio de forma rápida e certeira. Vamos lá!

Jonas trabalhou na empresa por 4 anos e 12 dias. O que nos importa aqui para fins de cálculos serão apenas os anos.

Já vimos que, para cada ano de trabalho, soma-se 3 dias aos 30 dias que já são de direito do empregado. Portanto: 4x3=12 dias de aviso prévio pelos anos trabalhados.

Por fim, 30+12=**42 dias totais de aviso prévio.**

8 ESTABILIDADE

8.1. NOÇÕES GERAIS

É o instituto que garante ao empregado a permanência no emprego mesmo que essa não seja a vontade do empregador. É um tipo de "proteção", que dá ao empregado a certeza de que não será dispensado, salvo em casos de justa causa.

Até a Constituição Federal de 1988 existiam duas hipóteses de estabilidade: definitiva e provisória.

Porém, devido a facilidade de fraudar a legislação em benefício próprio, tanto para o empregado quanto para o empregador, após a CF/88, o ordenamento jurídico passou a aceitar apenas a estabilidade em sua modalidade provisória.

A estabilidade provisória é aquela que impede a demissão do funcionário sem a justa causa e em casos específicos, apenas pelo tempo em que a situação perdurar. Ou seja, findo a situação que ensejou a estabilidade, perde-se a garantia de emprego e, a partir daí, o empregado poderá ser dispensado até mesmo sem justa causa.

8.2. TIPOS DE ESTABILIDADE PROVISÓRIA

Existem diversos tipos de estabilidade provisória, elas podem decorrer do ordenamento jurídico, de convenções ou acordos coletivos e de cláusula expressa no contrato de trabalho. Vejamos agora alguns tipos.

8.2.1. GESTANTE

A empregada gestante terá a garantia de emprego desde a confirmação da gravidez até os 5 meses após o parto.

Aqui vale destacar alguns entendimentos importantes dos tribunais:

O desconhecimento da gravidez pelo empregador não descaracteriza a garantia de emprego da gestante (Súm. 244, I, do TST).

Ainda no conteúdo da mesma Súmula, há o entendimento de que será devida a estabilidade à empregada gestante até nos casos de contrato de trabalho por prazo determinado (Súm. 244, III, do TST).

A própria CLT (art. 391-A) tutela a empregada gestante ao garantir a estabilidade de emprego mesmo nos casos em que o descobrimento da gravidez ocorra no curso do aviso prévio, seja ele trabalhado ou indenizado.

Ademais, não podemos igualar a estabilidade da gestante com a licença-maternidade. Na licença, a empregada terá direito ao afastamento de suas atividades por um período de 120 dias sem que haja prejuízo de salário, sendo um caso de interrupção contratual.

Por fim, destaco a LC nº 146/2014 que, visando o melhor interesse e bem estar do nascituro, trouxe em seu bojo a garantia da estabilidade estendida a quem tiver a guarda da criança, podendo, inclusive, se estender ao genitor no caso de falecimento da mãe.

8.2.2. DIRIGENTE SINDICAL

O dirigente sindical é o empregado eleito para representar determinada categoria profissional. Aqui, a garantia de emprego começa no momento da candidatura do empregado e, caso seja eleito, permanece até um ano após o final do mandato, podendo ocorrer a dispensa apenas se houver o cometimento de falta grave devidamente apurada. A regra vale inclusive para o empregado eleito como suplente:

> Art. 543, §3º, da CLT: Fica vedada a dispensa do empregado sindicalizado ou associado, a partir do momento do registro de sua candidatura a cargo de direção ou representação de entidade sindical ou de associação profissional, até 1 (um) ano após o final do seu mandato, caso seja eleito, inclusive como suplente, salvo se cometer falta grave devidamente apurada nos termos desta Consolidação.

É cristalina a intenção do legislador de proteger o empregado que se encontre nessas condições, visto que o cargo implica na busca pelos direitos dos empregados, muitas vezes indo de encontro com os pensamentos e vontades do empregador. Por ser um cargo que exerce funções de conteúdo sensível, faz-se necessária a proteção legislativa quanto a estabilidade de emprego.

Entretanto, há um requisito indispensável para a concessão da garantia de emprego nesse caso: o empregado deverá obrigatoriamente notificar o empregador sobre a sua candidatura, bem como a sua eleição e posse, pois não poderá o empregado se responsabilizar por fatos desconhecidos (art. 543, §5°, da CLT).

No afã de evitar prejuízos aos empregados candidatos que dependem de terceiros para efetivar a notificação, criou-se a Súm. n° 369, I, do TST, que flexibilizou o prazo do aviso, sendo a estabilidade igualmente assegurada nas ocasiões em que o anúncio da candidatura ocorra após o prazo legal.

Por fim, vamos elencar algumas súmulas importantes pertinente ao assunto:

a. Súm. 369, V, do TST: A estabilidade do empregado não estará garantida se a candidatura se der no curso do aviso prévio.

b. Súm. 369, III, do TST: Caso o empregado seja eleito a dirigente sindical de uma categoria diferente daquela que engloba as atividades realizadas por ele na empresa, não haverá estabilidade.

8.2.3. MEMBROS DA CIPA (CIPEIRO)

A Comissão Interna de Prevenção de Acidentes (CIPA) é obrigatória nas empresas que possuem mais de 50 empregados e que tenham atividades de natureza perigosas e insalubres, como uma metalúrgica, por exemplo.

Para que seja formada a comissão, deve-se respeitar as regras impostas na legislação. A primeira delas é que cada CIPA deverá ter 2 representantes: um para o empregado e outro para o empregador (art. 164, *caput*, da CLT). Além disso, o mandato dos membros terá a duração de 12 meses, podendo haver uma única reeleição.

Outra regra que é campeã nas provas de concursos, é a de que **a estabilidade só será concedida aos representantes do empregado, visto que conseguem o cargo por meio de eleição. Já os representantes do empregador são escolhidos por indicação, não fazendo jus ao benefício da estabilidade.** Ainda, a estabilidade será igualmente assegurada aos representantes dos empregados eleitos à suplente (Súm. 339, I, do TST).

Por fim, ressalto que a estabilidade para o empregado eleito para o cargo de direção da CIPA se inicia no registo de sua candidatura e se extingue até um ano depois do final de seu mandato (art. 10, II, a, ADCT).

8.2.4. ACIDENTE DE TRABALHO

Caso o empregado sofra um acidente de trabalho ou adquira uma doença em decorrência das atividades exercidas, só será devida a estabilidade se ele for afastado por mais de 15 dias, recebendo pelo INSS (art.118 da Lei nº 8.213/91).

Caso haja o direito à estabilidade, não poderá o empregador dispensar o empregado afastado pelo período de um ano, contados a partir da alta médica e, consequentemente, do seu retorno às atividades.

O TST entende que o empregado acidentado no curso do seu contrato de trabalho de prazo determinado também terá direito à garantia de emprego.

8.2.5. ESTABILIDADE CONTRATUAL

Na estabilidade contratual não há interferência da legislação, acontece na autonomia das partes. Se dá quando o empregador concede estabilidade ao seu empregado por comum acordo, em cláusula expressa no contrato de trabalho ou; quando a concessão for negociada em convenção ou acordo coletivo.

A estabilidade contratual será extinta quando:

a. Morte do empregado;
b. Aposentadoria;
c. Força maior;
d. Justa causa;
e. Comunicado de dispensa do obreiro.

8.2.6. DIREITO DE REINTEGRAÇÃO DO EMPREGADO

Caso o empregador dispense o funcionário no curso de sua garantia de emprego (estabilidade) e sem estar resguardado por um dos motivos presentes na justa causa, haverá o direito de reintegração do empregado dispensado. Ainda, é possível que seja determinado em juízo a conversão da reintegração em uma indenização dobrada, que deverá obedecer os termos da Súm. 28, do TST.

Porém, a conversão da reintegração em indenização é faculdade do magistrado julgador.

01. Ano: 2022 Banca: FCC Órgão: TRT - 14ª Região (RO e AC) Prova: FCC - 2022 - TRT - 14ª Região (RO e AC) - Analista Judiciário - Área Judiciária

Durante sua jornada de trabalho, por determinação do seu supervisor, Maurílio deixou as dependências da empresa e se dirigiu a uma agência dos Correios para buscar uma encomenda que chegou e era essencial para o reparo de uma das máquinas da produção. Após pegar a encomenda Maurílio estava retornando para a empresa quando pisou em falso em um buraco que havia na calçada e torceu o tornozelo. Entrou em contato com seu supervisor, que foi buscá-lo, e o levou diretamente para o serviço médico da empresa. O médico do trabalho examinou o tornozelo de Maurílio e, recomendou imobilização, medicamentos anti-inflamatórios, e afastamento do trabalho por 10 dias. De acordo com o previsto em lei e com o entendimento sumulado do TST, ao retornar ao trabalho após o afastamento, com o tornozelo totalmente recuperado, Maurílio:

A) Tem garantida, pelo prazo mínimo de 12 meses, a manutenção do seu contrato de trabalho na empresa, pois sofreu acidente do trabalho, não tendo relevância o fato de não ter percebido auxílio-acidente.

B) Terá que pleitear o recebimento de auxílio-doença acidentário para, somente após a concessão dele, ter garantida, pelo prazo mínimo de 12 meses, a manutenção do seu contrato de trabalho na empresa.

C) Não tem direito à estabilidade, tendo em vista que o acidente ocorreu fora das dependências da empresa e o afastamento do trabalho se deu por apenas 10 dias.

D) Não tem direito à estabilidade, tendo em vista que o afastamento se deu por apenas 10 dias e não houve percepção de auxílio-doença acidentário.

E) Não tem direito à estabilidade porque a garantia provisória de emprego, decorrente de acidente do trabalho, pressupõe contratação por prazo determinado, afastamento do trabalho por mais de 15 dias e percepção de auxílio-acidente.

02. Ano: 2022 Banca: FUMARC Órgão: TRT - 3ª Região (MG) Prova: FUMARC - 2022 - TRT - 3ª Região (MG) - Analista Judiciário – Área Judiciária

Sobre as garantias provisórias e estabilidade ao emprego, de acordo com entendimento sumulado do TST, **NÃO é correto afirmar**:

A) A garantia de emprego à gestante só autoriza a reintegração se esta se der durante o período de estabilidade. Do contrário, a garantia restringe-se aos salários e demais direitos correspondentes ao período de estabilidade.

B) Exaurido o período de estabilidade, são devidos ao empregado apenas os salários do período compreendido entre a data da despedida e a data em que for proferida a sentença, não lhe sendo assegurada a reintegração no emprego.

C) O desconhecimento do estado gravídico pelo empregador não afasta o direito ao pagamento da indenização decorrente da estabilidade

D) Presume-se discriminatória a despedida de empregado portador do vírus HIV ou de outra doença grave que suscite estigma ou preconceito. Inválido o ato, o empregado tem direito à reintegração no emprego.

E) São pressupostos para a concessão da estabilidade pelo acidente de trabalho, o afastamento superior a 15 dias e a consequente percepção do auxílio-doença acidentário, salvo se constatada, após a despedida, doença profissional que guarde relação de causalidade com a execução do contrato de emprego.

» GABARITO

01.

A) Errada: Na situação descrita não há garantia de emprego.

B) Errada: Lei nº 8.213/91, art. 118: O segurado que sofreu acidente do trabalho tem garantida, pelo prazo mínimo de doze meses, a manutenção do seu contrato de trabalho na empresa, **após a cessação do auxílio-doença acidentário**, independentemente de percepção de auxílio-acidente.

C) Errada: Considera-se acidente de trabalho o acidente sofrido ainda que fora do local ou horário de trabalho quando na execução de ordem de empregador ou na realização de serviço sob a autoridade da empresa (Lei nº 8.213/91, art. 21, IV, alínea "a").

D) Correta: Súmula nº 378, II, do TST: São pressupostos para a concessão da estabilidade o afastamento superior a 15 dias e a consequente percepção do auxílio-doença acidentário, salvo se constatada, após a despedida, doença profissional que guarde relação de causalidade com a execução do contrato de emprego.

E) Errada: A garantia provisória de emprego não pressupõe contrato de prazo determinado.

02.

A) Correta: Súmula nº 244 do TST: A garantia de emprego à gestante só autoriza a reintegração se esta se der durante o período de estabilidade. Do contrário, a garantia restringe-se aos salários e demais direitos correspondentes ao período de estabilidade.

B) Errada: Súmula nº 396 do TST: Exaurido o período de estabilidade, são devidos ao empregado apenas os salários do período compreendido entre a **data da despedida e o final do período de estabilidade**, não lhe sendo assegurada a reintegração no emprego.

C) Correta: Súmula nº 244 do TST: O desconhecimento do estado gravídico pelo empregador não afasta o direito ao pagamento da indenização decorrente da estabilidade.

D) Correta: Súmula nº 443 do TST: Presume-se discriminatória a despedida de empregado portador do vírus HIV ou de outra doença grave que suscite estigma ou preconceito. Inválido o ato, o empregado tem direito à reintegração no emprego.

E) Correta: Súmula nº 378 do TST: São pressupostos para a concessão de estabilidade pelo acidente de trabalho, o afastamento superior a 15 dias e a consequente percepção do auxílio-doença acidentário, salve se constatada, após a despedida, doença profissional que guarde relação de causalidade com a execução do contrato de emprego.

9 FGTS

9.1. HISTÓRIA

O Fundo de Garantia do Tempo de Serviço (FGTS) surgiu em 1966, devido aos problemas encontrados na manutenção da estabilidade definitiva que era permitida à época, conforme mencionamos no capítulo anterior.

A estabilidade definitiva passou a ser um problema pois, ao perceber que o trabalhador estava chegando próximo do tempo de serviço necessário para adquirir a estabilidade (10 anos), o empregador fazia a sua demissão. Por motivos óbvios, não seria interessante para a empresa ter empregados com estabilidade definitivas. Sabemos que os relacionamentos interpessoais são extremamente complexos, podendo a convivência se tornar difícil com o decorrer dos anos. Além disso, após adquirida a estabilidade, os serviços prestados com desídia aumentavam consideravelmente, já que o empregado não tinha mais a necessidade de fazer esforços para se manter no emprego.

Assim, o número de demandas no judiciário pleiteadas pelos empregados demitidos meses antes de adquirir o direito de sua estabilidade saturaram a Justiça do Trabalho, o que fez com que surgisse a Súmula nº 26, do TST, que garantiu estabilidade mesmo para aqueles que tivessem completado nove anos de serviço.

Porém, a Súmula não conseguiu atingir seus objetivos. Os empregados passaram a ser demitidos assim que completassem oito anos de serviço. Dessa forma, tal súmula foi cancelada pela Resolução nº 121 do TST e, a fim de dar maiores garantias ao obreiro sem que houvesse a diminuição no poder de direção do empregador, em 1966, surge o FGTS fornecendo uma espécie de poupança ao empregado com valores correspondentes ao tempo de serviço trabalhado.

Após um período de adaptação do novo benefício instituído, a Constituição Federal optou por extinguir a modalidade da estabilidade definitiva e o FGTS passou a ser o único instituto de garantia na contratação dos empregados.

9.2. REGRAS E HIPÓTESES DE SAQUE

Após a explicação dos motivos que ensejaram o surgimento do FGTS, vamos elencar algumas regras previstas na Lei nº 8.036/1990 e no Decreto nº 99.684/1990.

a. O depósito deve ser responsabilidade do empregador e deverá ser de 8% da remuneração do obreiro, não incidindo sobre parcelas que não sejam de natureza salarial. Atente-se que o valor deverá incidir sobre a toda a remuneração, não apenas sobre o salário. As únicas parcelas que não servirão de base para o cálculo serão aquelas de natureza não salarial;

b. O depósito deve ocorrer até dia 7º dia de cada mês, sendo a quantia depositada referente ao mês anterior trabalhado.

c. Os trabalhadores domésticos também passaram a ter direito ao depósito de FGTS com a LC nº150/2015;

d. Caso o empregador não cumpra com o prazo de pagamento, haverá juros de 1% ao mês e multa de 20%. Caso o pagamento for realizado até o último dia de cada mês, haverá redução da multa para 10%;

e. O empregador não estará isento do depósito nos casos em que o trabalhador tiver seu contrato suspenso por motivos de serviço-militar, acidente de trabalho, licença-maternidade e licença paternidade;

f. O trabalhador poderá fazer movimentações em sua conta vinculada ao FGTS em situações específicas. O art. 20 da Lei nº 8.036/1990 traz um rol taxativo das situações. Recomendamos a leitura do artigo, mas trago aqui algumas situações que são mais cobradas em provas;

f.1. Dispensas sem justa causa;

f.2. Dispensa indireta;

f.3. Rescisão contratual por culpa recíproca ou força maior;

f.4. Rescisão feita por comum acordo entre empregado e empregador. Nesses casos o valor é limitado em até 80% do valor dos depósitos;

f.5. Extinção total da empresa;

f.6. Aposentadoria;

f.7. Para pagamento parcial das prestações de financiamento habitacional, nos termos da lei;

f.8. Extinção do contrato de trabalho de prazo determinado;

f.9. Trabalhador ou dependentes acometidos de câncer, HIV ou doenças graves e em estágio terminal;

f.10. Trabalhador com 70 anos de idade ou mais;

f.11. Anualmente, no mês de aniversário do empregado;

f.12. Caso a conta fique inativa por 3 anos ininterruptos;

f.13. Falecimento do trabalhador, podendo o saque ser feito pelos herdeiros.

Principais Regras do FGTS
8% sobre a remuneração do obreiro
Incide apenas sobre as parcelas de natureza salarial
Depósito feito pleo empregador
Depósito até o 7º dia de cada mês
Empregado doméstico também tem direito

9.3. MULTA DOS 40%

A multa dos 40% refere-se ao depósito feito na conta do trabalhador vinculada ao FGTS nos casos de demissão sem justa causa e rescisão indireta do contrato de trabalho.

Se a rescisão contratual se der por culpa recíproca, força maior ou comum acordo, será devido o percentual de apenas 20%.

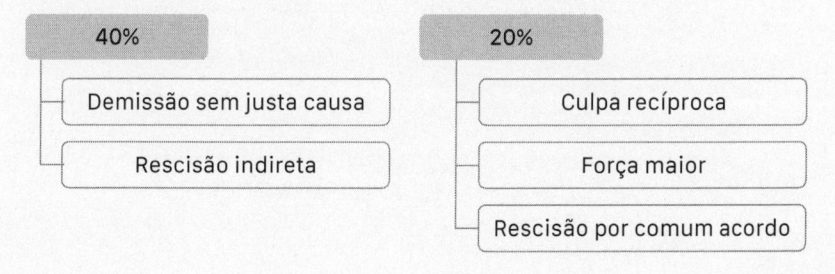

01. Ano: 2022 Banca: Centro de Seleção e de Promoção de Eventos UnB - CESPE CEBRASPE Prova: CESPE/CEBRASPE - PGE PA - Procurador do Estado - 2022

Julgue os itens a seguir, acerca do Fundo de Garantia do Tempo de Serviço.

I. O salário *in natura* é considerado remuneração para efeito de incidência do Fundo de Garantia do Tempo de Serviço.

II. Segundo a jurisprudência do Supremo Tribunal Federal, nos contratos de trabalho firmados entre sujeitos de direito privado, o prazo prescricional aplicável à cobrança de valores não depositados no Fundo de Garantia do Tempo de Serviço é bienal, nos termos do art. 7.º, XXIX, da Constituição da República Federativa do Brasil.

III. Conforme entendimento firmado pelo Tribunal Superior do Trabalho, o ônus de comprovar a regularidade dos depósitos do Fundo de Garantia do Tempo de Serviço é do empregador.

IV. Em consonância com a Lei n.º 8.036/1990, o dever de recolher os valores referentes ao Fundo de Garantia do Tempo de Serviço na conta vinculada do empregado é obrigação de dar coisa certa.

Estão certos apenas os itens:

A) I e III.
B) II e III.
C) II e IV.
D) I, II e IV.
E) I, III e IV.

02. Ano: 2022 Banca: Fundação Carlos Chagas - FCC Prova: FCC - TRT 14 - Analista Judiciário - Área Judiciária – 2022

O FGTS é um direito dos empregados urbanos, rurais e domésticos, assegurado constitucionalmente. A regulamentação infraconstitucional do FGTS é bastante detalhada, abrangendo, inclusive, regras sobre consequências em caso de extinção do contrato de trabalho, entre as quais a previsão de que:

A) Em caso de falecimento do trabalhador, o saldo existente em sua conta vinculada será pago aos seus sucessores previstos na lei civil, conforme definido pelo juízo do inventário ou do arrolamento.

B) Na hipótese de culpa recíproca na extinção do contrato ou de força maior, reconhecidas pela Justiça do Trabalho, o empregador deverá depositar na conta vinculada do trabalhador no FGTS, respectivamente, importâncias de 20% e de 25% sobre o montante de todos os depósitos realizados na conta vinculada durante a vigência do contrato de trabalho.

C) Em caso de extinção do contrato de trabalho por acordo entre empregador e empregado, este somente poderá movimentar o valor equivalente a 50% de todos os depósitos realizados na conta vinculada durante a vigência do contrato de trabalho.

D) Na hipótese de dispensa sem justa causa pelo empregador, este deverá depositar na conta vinculada do trabalhador no FGTS, a importância igual a 40% do saldo da conta vinculada, atualizado monetariamente e acrescido dos respectivos juros.

E) Em caso de rescisão do contrato de trabalho por parte do empregador, este deve depositar na conta vinculada do trabalhador no FGTS os valores relativos aos depósitos referentes ao mês da rescisão e ao imediatamente anterior, que ainda não houver sido recolhido, sem prejuízo das cominações legais.

» GABARITO

01.

A) Correta: **I– certo**: Lei nº 8.036/90, art. 15: Para os fins previstos nesta Lei, todos os empregadores ficam obrigados a depositar, até o vigésimo dia de cada mês, em conta vinculada, a importância correspondente a 8% (oito por cento) da remuneração paga ou devida, no mês anterior, a cada trabalhador, **incluídas na remuneração as parcelas de que tratam os arts. 457 e 458** *(salário in natura)* [...]; **III– certo**: Súmula nº 461 do TST: É do empregador o ônus da prova em relação à regularidade dos depósitos do FGTS, pois o pagamento é fato extintivo do direito do autor

B) Errada: **II– errado**: Art. 7º, XXIX, da CF/88: O prazo prescricional aplicável à cobrança de valores não depositados no Fundo de Garantia por Tempo de Serviço (FGTS) é quinquenal; **III– certo**.

C) Errada: **II– errado**; **IV– errado**: Lei nº 8.036/90, art. 26, parágrafo único: Nas reclamatórias trabalhistas que objetivam o ressarcimento de parcelas relativas ao FGTS, ou que, direta ou indiretamente, impliquem essa **obrigação de fazer**, o juiz determinará que a empresa sucumbente proceda ao recolhimento imediato das importâncias devidas a tal título.

D) Errada: **I– certo; II– errado; IV– errado.**

E) Errada: **I– certo; III– certo; IV– errado.**

02.

A) Errada: Lei n° 8.036/90, art. 20: A conta vinculada do trabalhador no FGTS poderá ser movimentada nas seguintes situações: IV - falecimento do trabalhador, **sendo o saldo pago a seus dependentes, para esse fim habilitados perante a Previdência Social, segundo o critério adotado para a concessão de pensões por morte.** Na falta de dependentes, farão jus ao recebimento do saldo da conta vinculada os seus sucessores previstos na lei civil, **indicados em alvará judicial, expedido a requerimento do interessado, independente de inventário ou arrolamento.**

B) Errada: Lei, n°8.036/90, art. 18, §2°: Quando ocorrer despedida por culpa recíproca ou força maior, reconhecida pela Justiça do Trabalho, o percentual de que trata o §1° será de **20 (vinte) por cento.**

C) Errada: Art. 484-A, §1° da CLT: A extinção do contrato prevista no caput deste artigo permite a movimentação da conta vinculada do trabalhador no Fundo de Garantia do Tempo de Serviço na forma do inciso I- A do art. 20 da Lei no 8.036, de 11 de maio de 1990, **limitada até 80% (oitenta por cento) do valor dos depósitos.**

D) Errada: Lei n°8.036/90, art. 18, §1°: Na hipótese de despedida pelo empregador sem justa causa, depositará este, na conta vinculada do trabalhador no FGTS, importância igual a quarenta por cento **do montante de todos os depósitos realizados na conta vinculada durante a vigência do contrato de trabalho**, atualizados monetariamente e acrescidos dos respectivos juros.

E) Correta: A questão traz exatamente a letra de lei (Lei n°8.036/90, art. 18): Ocorrendo rescisão do contrato de trabalho, por parte do empregador, ficará este obrigado a depositar na conta vinculada do trabalhador no FGTS os valores relativos aos depósitos referentes ao mês da rescisão e ao imediatamente anterior, que ainda não houver sido recolhido, sem prejuízo das cominações legais.

10 JORNADA DE TRABALHO

10.1. AS DIFERENÇAS DA JORNADA, DURAÇÃO E HORÁRIO DE TRABALHO

Para começar esse capítulo, é crucial a exposição dos conceitos de jornada, duração e horário de trabalho. Malgrado o uso dos termos para definir uma única situação seja corriqueiro, existe uma linha tênue que separa os conceitos. Vejamos.

a. Duração de Trabalho

Dos três itens, podemos considerar o mais amplo, que de certa maneira abrange tanto a jornada quanto o horário de trabalho. A duração de trabalho é a duração do contrato de trabalho, onde deverá se analisar o conjunto da duração de diária, semanal, mensal e anual.

b. Jornada de Trabalho

Por outro lado, a jornada de trabalho se resume ao tempo diário trabalhado ou à disposição do empregador. Por exemplo, se o obreiro inicia suas atividades às 09h00 e encerra as 18h00, a sua jornada de trabalho será de 8 horas diárias. Em regra, a jornada normal de trabalho é limitada a 8 horas diárias e 44 horas semanais, conforme o art. 58, da CLT. Porém, existem jornadas de trabalho especiais que poderão prever limites diversos. Veremos sobre jornadas especiais em capítulo oportuno

c. Horário de Trabalho

O horário de trabalho, por sua vez, corresponde aos horários de início e de fim do trabalho. É uma forma mais restrita de análise e leva em conta exatamente o horário em que o empregado chegou a empresa e saiu da empresa. A CLT aborda o tema em seu art. 4º e 74º.

10.2. REGRAS DA JORNADA DE TRABALHO

A ideia do legislador em tutelar as horas laboradas pelo obreiro foi para que houvesse limitações no poder natural do empregador, evitando assim a coação para a existência de uma duração de jornada que fosse prejudicial à saúde e à integridade física do trabalhador.

Como dito anteriormente, considera-se jornada de trabalho o tempo em que o empregado permaneceu à disposição do empregador, seja o período trabalhado efetivamente ou apenas aguardando ordens (art. 4º, da CLT). No mesmo artigo, no parágrafo 2º, é possível encontrar casos que não poderão ser considerados jornada de trabalho. Observe:

Tempo não considerado jornada de trabalho

Quando o empregado, por escolha própria, buscar proteção pessoal, em caso de inseguraça nas vias públicas e más condições climáticas;	Quando o empregado adentrar ou permacecer na empresa para exercer atividades particulares;	Tempo de locomoção da residência do empregado até o local da empresa, independentemente da forma de locomoção.

Ainda, não poderá ser considerado jornada de trabalho o tempo em que o empregado entrar ou permanecer na empresa para exercer práticas religiosas, descanso, lazer, estudos, alimentação, atividades de relacionamento social, higiene pessoal e troca de roupa ou uniforme, quando não houver obrigatoriedade de realizar a troca no interior da empresa.

Dica de prova

O examinador sempre tenta uma pegadinha sobre a possibilidade de considerar a troca de uniforme como jornada de trabalho. Atente-se nos detalhes da questão, visto que só será considerada jornada de trabalho quando o empregado for obrigado a realizar a troca dentro da empresa.

Na mesma linha, não será incluído na jornada de trabalho o tempo em que o empregado levar para se deslocar de sua residência até o local da empresa, independentemente se a locomoção ocorrer por meio de transporte público, veículo particular e até mesmo caminhando.

10.3. EMPREGADOS SEM JORNADA DE TRABALHO

A legislação pontua dois tipos de empregados que não tem jornada de trabalho certa e determinada: gerentes e vendedores externos.

a. Gerentes

Os gerentes com atividades de gestão, coordenação ou direção **têm uma autonomia maior em decorrência do cargo de confiança que exercem. Cumprem as funções do proprietário da empresa como se este** fossem e podem se ausentar da empresa quando acharem necessário, não precisando cumprir uma jornada pré-estabelecida. Em contrapartida, devido à demanda e a maior responsabilidade, por vezes é necessário que o gerente estenda seu horário de trabalho, permanecendo dentro da empresa por mais tempo que os funcionários possuidores de uma jornada normal.

Para compensar a inflexibilidade de horários, os gerentes recebem o percentual mínimo de 40% de gratificação pela função exercida (art. 62, II e parágrafo único, da CLT).

b. Vendedores externos

Os vendedores externos não possuem uma gratificação como os gerentes. Porém, não há possibilidade de controle de jornada, sendo possível que o empregado que exerça funções de venda externa faça seu próprio horário. O importante para o empregador nesses casos é que se atinja as metas e que seja entregue o trabalho, não importando a jornada escolhida pelo empregado para exercer e concluir suas atividades.

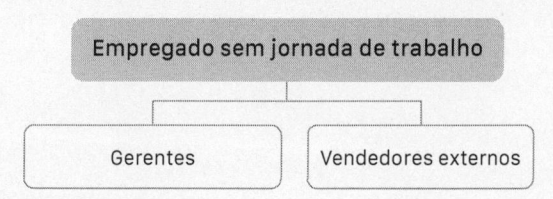

10.4. JORNADAS ESPECIAIS

São aquelas jornadas que possuem permissão para ter duração inferior ou superior às jornadas de trabalho normais. Vamos abordar algumas delas.

a. Telefonista

O empregado que exerce função de telefonista e telemarketing possuí jornada de trabalho reduzida para, no máximo, 6 horas diárias ou 30 horas semanais (Art. 227 da CLT).

A priori, o art. 227 da CLT tutelava apenas a função de telefonista. Porém, para ampliar a proteção a empregados que exercem atividades similares, como a função de telemarketing por exemplo, surge a Súm. nº 178 do TST.

b. Turnos ininterruptos de revezamento

Os turnos ininterruptos de revezamento acontecem nas empresas que funcionam 24 horas por dia. Nesses casos, há uma alternância de horário frequente na jornada do obreiro, onde a escala é estabelecida pelo empregador. Nesses casos, a jornada máxima permitida em lei é de 6 horas diárias, podendo haver alteração do limite para até 8 horas diárias em negociações coletivas (art. 7º, XIV, da CF/88).

Ainda, as Súmulas nº 360 do TST e nº675 do STF garantem que a pausa nas atividades para alimentação e o repouso semanal não descaracterizam o turno ininterrupto de revezamento.

Por fim, a Súm. nº 213, do STF garante aos empregados submetidos a esse tipo de jornada o adicional noturno e a Súm. nº 423, do TST, prevê que nessa situação não haverá direito ao pagamento da 7ª e 8ª hora como extra.

c. Trabalho em regime de tempo parcial

São aqueles casos em que o empregado não poderá trabalhar mais do que 30 horas semanais, se optar pela não aplicação de horas extras e; até 26 horas semanais, podendo acrescentar o limite de 6 horas extras.

Compensação:	Pagamento:
até a semana seguinte	até o mês seguinte

Caso haja horas extras, estas **poderão ser compensadas diretamente até a semana imediatamente após a sua execução**, devendo ser feita a sua quitação na folha de pagamento do mês subsequente, caso não sejam compensadas.

Ademais, nessa modalidade, o empregado também fará jus a 30 dias de férias para cada 12 meses trabalhados, podendo ser reduzido a depender da quantidade de faltas injustificadas cometidas (art. 130, da CLT). Além disso, o empregado contratado sob esse regime **poderá** optar pela conversão do terço do período de férias a que tiver direito em abono pecuniário.

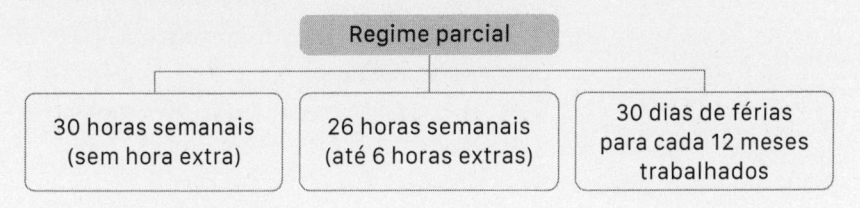

10.5. HORA EXTRA

Já vimos que a CLT determina que a jornada de trabalho do empregado não poderá exceder a 8 horas diárias ou 44 horas semanais, sendo considerado hora extra qualquer atividade exercida após esse período. Ou seja, a hora extra é um meio legal que empregado e empregador possuem de estender eventualmente a jornada de trabalho. A CLT determina ainda que será possível a realização de até 2 horas extras por dia, podendo esse horário ser ampliado em convenção coletiva.

Nessa esteira, por ser uma exceção à regra, as horas extras deverão ser pagas com o acréscimo de pelo menos 50% sobre o valor da hora normal.

Exemplo: Cláudio possui um emprego onde recebe R$50,00 por hora trabalhada. Suponhamos que em determinado dia Cláudio faça 1 hora extra. O valor dessa hora extra será de R$75,00, onde será considerado o valor da hora normal (R$50,00) + metade do valor da hora normal (R$25,00).

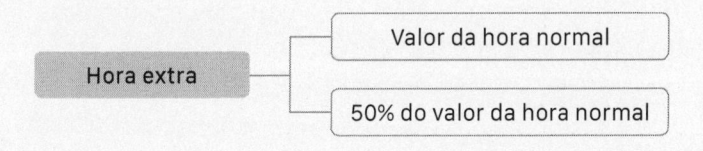

Ressalta-se ainda que o empregado não é obrigado a aceitar a realizar as horas extras, sendo possível a recusa. Além disso, será considerado como falta grave o não pagamento das horas extras, podendo ensejar em uma rescisão indireta do contrato de trabalho.

Por fim, caso as horas extras feitas pelo trabalhador sejam habituais, deverão refletir sobre as outras verbas trabalhistas, como 13º salário, aviso prévio e outras.

10.6. ACORDO DE PRORROGAÇÃO DE HORAS

O acordo de prorrogação de horas é um acordo feito entre trabalhador e empregador que autoriza o aumento da jornada de trabalho. Com o acordo firmado entre as partes, o trabalhador fica obrigado a cumprir as horas extras, o que não acontece nos casos em que há a inexistência do instrumento pois, em regra, o obreiro não é obrigado a fazer horas extras.

O acordo deve ser feito por escrito e deve constar exatamente o valor a ser pago nas horas extras, sempre respeitando o mínimo obrigatório de 50% do valor da hora normal. Ainda, poderá ser estipulado com prazo determinado ou indeterminado, sendo vedado o acordo nas relações que envolvam menores de 18 anos.

É permitido a prorrogação nos horários noturnos e, caso a atividade exercida seja insalubre ou perigosa, a prorrogação só poderá acontecer mediante autorização do Ministério do Trabalho.

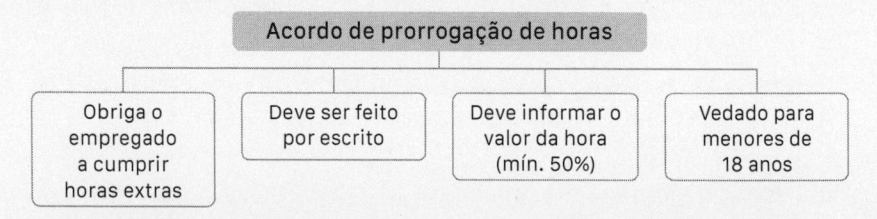

10.7. BANCO DE HORAS

Ocorre quando o obreiro trabalha por período superior do estipulado em contrato num dia e, em outro, tem a redução de sua jornada correspondente ao período extra trabalhado.

Aqui, ao invés da hora extra trabalhada ser paga monetariamente com o acréscimo de 50% sobre a hora normal, o empregado trabalha menos em outro dia, como uma forma de compensação.

A compensação pode ocorrer em até 12 meses, sob pena do empregador pagar as horas com o devido adicional de 50%. Ainda, prevalece o limite de até 2 horas extras diárias.

10.8. HORAS *IN ITNERE*

As horas *in itnere* são aquelas horas em que o empregado gasta para se locomover de sua residência até o local da empresa e o seu retorno. Atualmente, após a Reforma Trabalhista, consoante o art. 58, §2°, da CLT, as hora *in itnere* **não serão consideradas parte da jornada de trabalho do empregado.**

10.9. PRONTIDÃO E SOBREAVISO

a. Prontidão

A prontidão **não se confunde com o instituto do sobreaviso. O empregado** que fica de prontidão aguarda as ordens do empregador no interior da empresa.

O empregado deverá ser remunerado com valores correspondentes a 2/3 do salário normal e a escala nessa modalidade deve ocorrer com tempo máximo de 12 horas (art. 244, §3°, da CLT).

Destaco que tanto os §§ 2° e §3° do art. **244, da CLT, tutelavam** apenas o empregado ferroviário. Todavia, a prontidão prevista no artigo estende-se por analogia a todos os empregados em idênticas circunstâncias.

> **Dica de prova**
>
> Para facilitar a memorização, gosto de associar que, se o empregado está de "prontidão", é porque está "pronto" para trabalhar. Se está pronto para trabalhar, é porque já está dentro da empresa.

b. Sobreaviso:

O empregado estará de sobreaviso quando estiver à disposição do empregador em local diverso da empresa, inclusive em sua própria residência. O tempo de sobreaviso é considerado jornada de trabalho para todos os efeitos legais. A previsão está no art. 244, §2°, da CLT e a remuneração para essa modalidade é de 1/3 do salário normal. A redução é justa, visto que o empregado poderá aguardar as ordens do empregador no conforto de sua residência.

Ainda, cada escala de sobreaviso poderá ter, no máximo, 24 horas. Caso o empregado seja chamado ao trabalho, deverá ser remunerado conforme o salário normal, sendo devido adicional noturno e hora extra, se feitos.

Por fim, a Súm. nº 428, do TST, decide que o uso de instrumentos telemáticos ou informatizados fornecidos pela empresa, por si só, não configura o regime de sobreaviso, sendo necessária que haja a efetiva comprovação da disposição do empregado ao empregador.

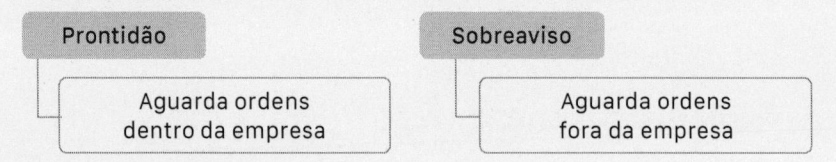

10.10. ESCALA 12X36

Nessa modalidade, o empregado trabalha por 12 horas ininterruptas e descansa nas 36 horas subsequentes ao período trabalhado. Para que seja possível esse tipo de jornada, é necessário apenas que haja um acordo individual entre as partes, coisa que não era possível antes da Reforma Trabalhista. Porém, mesmo nessa modalidade, é necessário respeitar o limite de 44 horas semanais trabalhadas.

Ainda, mesmo que a letra de lei diga que são 12 horas ininterruptas, o empregado ainda terá direito a pelo menos 1 hora para descanso e refeições, podendo esse intervalo ocorrer de forma indenizada (art. 59-A, da CLT).

Apesar da possibilidade de ser adotada por qualquer tipo de empresa, é mais comum que a escala 12x36 seja implementada naquelas que exercem atividade de vigilância, fabris e até mesmo em hospitais.

10.11. ADICIONAL NOTURNO

Com previsão no art. 73 da CLT, o adicional noturno garante a recompensa ao empregado que labora em horário que, via de regra, é destinado ao descanso.

O adicional aqui previsto possui regras distintas para os empregados que trabalham em zona urbana e em zona rural. Vejamos:

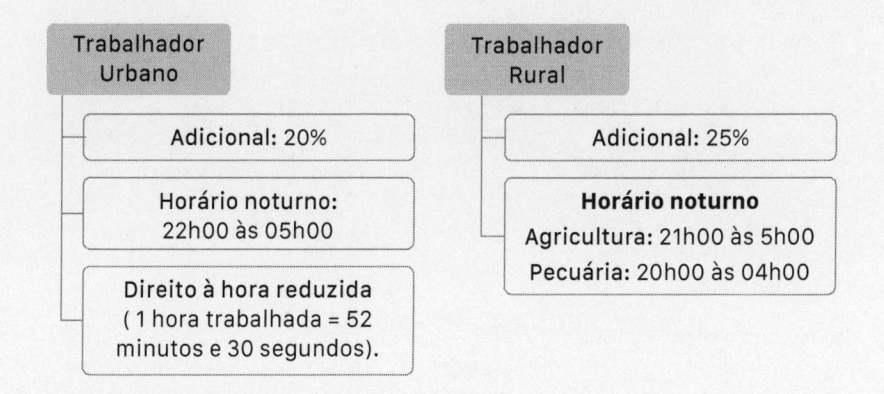

Aqui devemos nos atentar pois há diferenças para os trabalhadores rurais no percentual devido, bem como há diferenças no que poderá ser considerado hora noturna.

Sabemos que o trabalhador rural possuí rotinas bem distintas do trabalhador urbano, com horários diversos e, na maioria das vezes esforços físicos maiores. Por isso, o legislador optou por aplicar regras específicas para cada situação.

O empregado de zona urbana, terá o adicional de 20% no trabalho noturno. Considera-se noturno a atividade realizada entre 22h00 até 05h00 do dia seguinte. Além disso, apenas nas atividades realizadas em zona urbana, será possível a aplicação do horário reduzido (instituto que faz 52 minutos e 30 segundos trabalhos ser equivalente a 1 hora).

Já nos casos em que o empregado trabalha em zona rural, é necessário observar a natureza do serviço, podendo ser subdividido em agricultura e pecuária.

A agricultura refere-se ao cultivo de produtos agrícolas. Em palavras mais simples, é aquela atividade que cultiva os alimentos.

Por outro lado, a atividade pecuária está relacionada à criação de espécies de animais.

Dica de prova

Existe um método de memorização que sempre funcionou muito bem para todas as pegadinhas de prova. Para associar os serviços agrícolas e pecuários aos seus respectivos horários, basta lembrar que, na fazenda, existem as vacas, os bois, entre outros bichos de **quatro** patas. Portanto, o horário noturno do empregado rural que cuida dos animais (pecuária), encerra-se às **04h00**.

> Nas duas possibilidades de horários no trabalho noturno existe o total de 8 horas. Assim, para se descobrir o início da hora noturna nas atividades pecuárias, basta subtrair 8 horas das 4h00 descobertas, chegando-se à conclusão de que o início se dá às 20h00 e, o término, às 4h00.
> Para descobrir os horários do trabalhador agrícola, basta acrescentar 1 hora no início e no término da jornada do trabalhador pecuário (21h00 - 05h00).

Por fim, ressalta-se que o trabalho noturno é vedado ao menor de 18 anos, é legalmente devido aos empregados de turnos ininterruptos de revezamento (Súm. 213, do STF) e se estende ao empregado doméstico, conforme art. 14 da LC nº150/15.

10.11.1. HORÁRIOS MISTOS

Entende-se por horário misto aquele em que o empregado inicia a sua jornada de trabalho em horário normal e, no decorrer de suas atividades, entra no horário noturno.

Para melhor compreensão, vamos usar de exemplo um empregado urbano com jornada de trabalho das 19h00 às 03h00. Esse empregado terá uma jornada mista, em que o tempo trabalhado antes das 22h00 dará direito a uma remuneração com base no salário-hora normal e, o horário trabalhado das 22h00 às 03h00, será contabilizado como horário noturno com seus respectivos adicionais.

Porém, atenção! Caso o empregado inicie seu trabalho já dentro do horário noturno e finalize em horário normal diurno, deverá todo o período laborado ser considerado trabalho noturno, com o pagamento dos respectivos adicionais. Exemplo: imagine que a jornada de trabalho de outro funcionário urbano seja das 03h00 às 11h00. Dessa forma, o adicional noturno deverá ser em cima da jornada integral do empregado, considerando como trabalho noturno, para todos os efeitos legais, todo o tempo laborado após às 05h00 (art. 73, 4º e §5º, da CLT).

10.12. INTERVALOS

Os intervalos são as interrupções que ocorrem durante a jornada de trabalho (intrajornada) ou entre elas (interjornada). Caso o intervalo seja suprimido pelo empregador, deverá haver o pagamento como hora extra trabalhada.

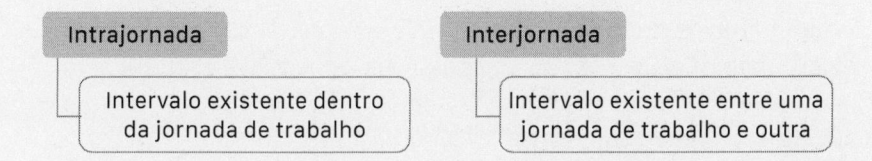

Intrajornada
Intervalo existente dentro da jornada de trabalho

Interjornada
Intervalo existente entre uma jornada de trabalho e outra

Ainda, a Súm. nº 118, do TST, garante que qualquer tipo de intervalo que **não** tenha previsão legal e que seja concedido ao empregado, será considerado tempo à disposição do empregador, remunerados como serviço extraordinário se acrescidos ao final da jornada.

10.12.1. INTERVALO INTRAJORNADA

A CLT prevê dois períodos mínimos de intervalo intrajornada - aquelas que ocorrem dentro do período trabalhado.

a. **1 hora**: Os empregados que trabalham de 6 a 8 horas diárias, terão direito a um intervalo intrajornada com duração de, no mínimo, 1 hora e, no máximo, 2 horas.

b. **15 minutos**: Os empregados que trabalham de 4 a 6 horas diárias, farão jus a 15 minutos de intervalo intrajornada, no mínimo.

c. **Sem intervalo**: Os empregados que trabalham por até 4 horas diárias, não terão direito ao intervalo intrajornada.

Nos dois casos passíveis de intervalo, o tempo da pausa **não será computado na jornada de** trabalho. Ainda, o intervalo poderá ser inferior à 1 hora ou superior a 2 horas por meio de acordo e convenção coletiva.

10.12.2. INTERVALO INTERJORNADA

O intervalo interjornada corresponde ao período de descanso existente entre uma jornada e outra. O legislador, visando a integridade e a saúde do trabalhador, estabeleceu que deve haver um intervalo interjornada de, pelo menos, 11 horas consecutivas (art. 66, da CLT).

10.12.3. INTERVALOS ESPECIAIS

Existem situações que exigem um intervalo específico para o empregado. São os casos daqueles que trabalham em frigoríficos e das mulheres que estão em período de amamentação.

a. **Frigorífico**

Os trabalhadores que trabalham em câmaras frigoríficas terão direito a 20 minutos de intervalo para cada 1 hora e 40 minutos trabalhados.

É importante mencionar que, embora o art. 253 da CLT faça menção à câmara frigorífica, é plenamente possível a aplicação do art. por analogia nas demais hipóteses em que o empregado trabalhe em condições adversas, como o frio artificial extremo.

b. Amamentação

Toda mulher em fase de amamentação, inclusive se o filho decorrer de um processo de adoção, terá direito a dois intervalos, de 30 minutos cada, para que seja possível realizar o ato. O direito se estende até os 6 meses de idade da criança (art. 396, da CLT).

Ainda, o parágrafo 1º do mesmo art., há a previsão da possibilidade de aumento do período de 6 meses, caso a saúde da criança esteja comprometida.

Por fim, os horário do intervalo serão acordados entre empregador e empregado por meio de acordo individual de trabalho.

10.12.4. CONSEQUÊNCIA DOS INTERVALOS SUPRIMIDOS

Como já dito no início deste capítulo, o empregado que tiver seu horário de intervalo suprimido pelo empregador, terá de receber 50% sobre o tempo suprimido, como se hora extra fosse.

O assunto é tratado no art. 71 da CLT, onde o texto legal menciona apenas o intervalo intrajornada. Porém, a doutrina entende que é plenamente possível a aplicação deste artigo para os casos de supressão do intervalo interjornada.

Assim, caso o empregador conceda apenas parte do intervalo devido, será obrigado a pagar 50% sobre a hora cheia, e **não** apenas sobre o tempo suprimido. Por exemplo: imagine que um empregado tenha direito a 1 hora diária de intervalo intrajornada. Porém, apenas usufrui de 30 minutos. Esse empregado terá direito a receber, com adicional de 50%, o valor de 1 hora de intervalo intrajornada, e não apenas sobre os 30 minutos suprimidos de fato (Súm. 437, I, do TST). Além disso, o TST declarou no mesmo julgado que as horas suprimidas terão natureza salarial ao invés de indenizatória.

10.13. DESCANSO SEMANAL REMUNERADO

Com previsão no art. 67, da CLT e no art. 7º, XV, da CF/88, o descanso semanal remunerado (DSR) é o período de 24 horas de repouso concedido ao empregado, que deverá ocorrer preferencialmente aos domingos e feriados.

O DSR é um direito de todos os empregados, sejam eles urbano ou rurais, visto que todos precisam de um tempo para descanso, para cuidar da saúde, da família etc.

Para que o empregador conceda o descanso semanal remunerado sem ser aos domingos, é necessária a autorização do Ministério do Trabalho. A alternativa é dada às empresas que funcionem aos domingos, como o shopping e supermercado, por exemplo.

Porém, mesmo nos casos autorizados pelo Ministério do Trabalho, o empregado terá direito de usufruir a sua folga em pelo menos um domingo por mês (Portaria nº 417/1966).

Ainda, urge realçar que o descanso semanal só será remunerado se o empregado cumprir com a sua jornada semanal sem a presença de faltas injustificadas. Caso haja uma única falta sem justificativa, o empregado perde o direito ao recebimento do dia do descanso semanal (art. 473, da CLT).

Ademais, a Súm. 146 do TST garante ao empregado que laborar nos dias do descanso semanal remunerado (domingos ou feriados), deverá receber o dobro da hora normal trabalhada.

10.14. REFLEXOS

A palavra reflexos no Direito do Trabalho está relacionada ao verbo incidir, ter efeitos sobre algo. Ademais, já sabemos que todos os adicionais que forem adquiridos de forma habitual, irá compor a remuneração do empregado para todos os efeitos legais. Portanto, sempre que o empregado pleitear em juízo adicionais sob a alegação de não recebimento, este deverá pedir ainda os reflexos em cima das demais verbas. Ou seja, os adicionais deverão incidir sobre o salário, o 13º salário, as férias e o FGTS. Além de incidir sobre todas as verbas contratuais, haverá de haver também reflexos nas verbas rescisórias, que são aquelas devidas após a rescisão contratual.

01. Ano: 2022 Banca: FCC Órgão: TRT - 5ª Região (BA) Prova: FCC - 2022 - TRT - 5ª Região (BA) - Analista Judiciário - Área Judiciária

Considere as assertivas abaixo a respeito do regime de trabalho em tempo parcial.

I. por ser uma jornada especial, o regime de trabalho a tempo parcial é incompatível com a prorrogação de jornada.

II. a jornada máxima do empregado em regime de trabalho a tempo parcial será de 30 horas semanais, sem a possibilidade de horas suplementares semanais, ou de 26 horas semanais, com a possibilidade de até seis horas suplementares semanais.

III. na hipótese de o empregado sob regime de trabalho a tempo parcial realizar horas suplementares, estas poderão ser compensadas no prazo máximo de 30 dias.

IV. poderá o empregado sob regime de trabalho a tempo parcial converter até 1/3 das suas férias em abono pecuniário, mediante concordância do empregador.

Com base na Consolidação das Leis do Trabalho, está correto o que se afirma APENAS em:

A) III e IV.

B) I.

C) II, III e IV.

D) I e III.

E) II.

02. Ano: 2022 Banca: Fundação Carlos Chagas - FCC Prova: FCC - TRT 23 - Técnico Judiciário - Área: Administrativa – 2022

Com base no que prevê a Consolidação das Leis do Trabalho a respeito da Jornada de Trabalho, o tempo gasto pelo empregado da sua residência até o posto de trabalho, e vice-versa:

A) Desde que não seja em condução fornecida pelo empregador, é considerado tempo à disposição do mesmo.

B) Tratando-se de local de difícil acesso, é considerado tempo à disposição do empregador, apenas na hipótese de a condução ser fornecida pelo empregador.

C) Desde que ultrapasse duas horas diárias, e não seja em condução fornecida pelo empregador, é considerado tempo à disposição do empregador.

D) Ainda que em condução fornecida pelo empregador, não é considerado tempo à disposição do mesmo.

E) Desde que ultrapasse quatro horas diárias, e não seja em condução fornecida pelo empregador, é considerado tempo à disposição do empregador.

01.

A) Errada: A afirmativa III está errada pois as horas extras realizadas nessa modalidade de jornada poderão ser compensadas diretamente **até a semana imediatamente posterior à da sua execução**, devendo ser feita a sua quitação na folha de pagamento do mês subsequente, caso não sejam compensadas (Art. 58-A, §5º, da CLT). Por outro lado, a afirmativa IV está errada pois a venda do 1/3 das férias não necessita da concordância do empregador, sendo uma faculdade do empregado (Art. 58-A, §6º, da CLT).

B) Errada: A afirmativa I está errada pois as horas suplementares são sim compatíveis com a jornada parcial de trabalho, nos termos do art. 58-A, da CLT.

C) Errada: Apenas a afirmativa II está correta.

D) Errada: As afirmativas I e III estão erradas.

E) Correta: A afirmativa II está correta pois traz literalmente o texto de lei: Considera-se trabalho em regime de tempo parcial aquele cuja duração não exceda a trinta horas semanais, sem a possibilidade de horas suplementares semanais, ou, ainda, aquele cuja duração não exceda a vinte e seis horas semanais, com a possibilidade de acréscimo de até seis horas suplementares semanais (Art. 58-A).

02.

A) Errada: Art. 58, §2º, da CLT.

B) Errada: Art. 58, §2º, da CLT.

C) Errada: Art. 58, §2º, da CLT.

D) Correta: Muitas questões de concurso ainda tentar pegar o candidato que se esquece que as horas *in itnere* **não existem mais. Agora, deve-se observar o texto do art. 58, §2º, da CLT: O** tempo despendido pelo empregado desde a sua residência até a efetiva ocupação do posto de trabalho e para o seu retorno, caminhando ou por qualquer meio de transporte, inclusive o fornecido pelo empregador, **não será computado na jornada de trabalho**, por não ser tempo à disposição do empregador.

E) Errada: Art. 58, §2º, da CLT.

11 FÉRIAS

Com previsão legal na CLT e na CF/88, as férias é o período de descanso remunerado - com o adicional de pelo menos 1/3 a mais do que o salário normal - concedido anualmente ao empregado. A quantidade de dias de férias vai depender da quantidade de faltas injustificadas pelo trabalhador durante o período aquisitivo (período em que o empregado trabalha para adquirir o direito de férias).

Desconto Por Falta Injustificada	
Até 05 faltas	30 dias
De 06 a 14 faltas	24 dias
De 15 a 23 faltas	24 dias
De 24 a 32 faltas	12 dias
Mais de 32 faltas	sem direito a férias

Dica de prova:

As questões de concurso desse tema sempre tentam levar o candidato ao esquecimento do número de faltas que estão relacionados aos dias de férias permitidos. Por isso, é essencial que você crie uma tabela ao se deparar com uma questão de prova sobre o tema.

Para isso, *a priori,* lembre-se: quanto mais faltas, menos férias. Em seguida, repare na tabela que, em relação aos dias de férias, para que ocorra a sua redução, há a subtração de 6 dias para cada aumento de falta: 30-06 = 24; 24-06 = 18; 18-06 = 12.

Já com relação ao número de faltas, inicia-se a tabela com o mínimo de 05 e, a partir de 06 faltas, somam-se 08 faltas para montar um período. Dessa forma: 06+08 = 14 (06 a 14 dias de faltas equivalem a 24 dias de férias); 15+08 = 23 (15 a 23 dias de faltas equivalem a 18 dias de férias), e assim sucessivamente até chegarmos na linha da tabela que possuí o mínimo de 12 dias de férias.

Sempre comece a primeira linha com o número permitidos de faltas que não acarretarão no desconto das férias. Ou seja, 05 faltas = 30 dias de férias.

Em seguida, a partir do 6º dia de falta, forme períodos com a soma de 8 dias, até chegar ao limite de 32 faltas. Esse será o lado esquerdo da sua tabela.

06 a 14	15 a 23	24 a 32
↳ (+8) ↲	↳ (+8) ↲	↳ (+8) ↲

Por fim, para elaborar o lado direito, basta subtrair 6 dias dos 30 dias totais que já estarão na primeira linha, conforme explicado anteriormente.

II.I. PERÍODO DE FÉRIAS

O período de férias pode se subdividir em duas espécies: período aquisitivo e período concessivo.

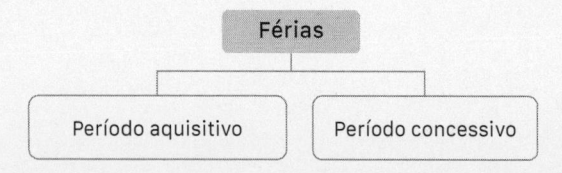

O período aquisitivo de férias é aquele em que o empregado trabalha e adquire o direito ao período concessivo. Ou seja, são os 12 meses anteriores ao direito adquirido de férias. Tal período começa a ser computado a partir do primeiro dia de labor do funcionário na empresa.

Já o período concessivo é aquele em que o empregado deverá usufruir das férias adquiridas. Em outras palavras, é o período de 12 meses que o empregador possuí para conceder as férias ao funcionário. Ainda, em regra, as férias deverão ser concedidas em um só período, nos termos do art. 134, da CLT.

O mesmo art. prevê a possibilidade da **concessão das férias em três períodos, desde que um período não seja inferior a 14 dias e os demais não poderão ser inferiores a 5 dias.**

Férias em 3 perídos

- Precisa da concordância do empregado
- 1 período deve ter, no mínimo, 14 dias corridos
- 2 períodos devem ter, no mínimo, 05 dias corridos

Sabe-se ainda que cabe ao empregador escolher a data da concessão das férias do empregado que entrar em período concessivo, desde que haja um aviso prévio de 30 dias.

Geralmente, é possível que as partes entrem em comum acordo na decisão das datas. Porém, a CLT prevê dois limites nesse poder decisório da empresa. Os §§ 1º e 2º do art. 136, da CLT declara que os membros de uma mesma família que trabalhem no mesmo local, têm direito de usufruir as férias simultaneamente se assim desejarem e se a concessão conjunta não for gerar prejuízos para a empresa.

Por exemplo, se um dos membros da família for empregado de função exclusiva em seu setor e suas atividades forem imprescindíveis, não será possível que esse funcionário usufrua de suas férias junto com os seus familiares que trabalham na mesma empresa.

Além disso, o §2º garante que o empregado estudante menor de 18 anos poderá requerer suas férias no período das férias escolares.

II.2. **VENDA DAS FÉRIAS**

Com previsão legal no art. 143 da CLT, também chamamos a venda das férias de abono pecuniário. Ocorre quando o empregado troca parte de seu período de descanso por um valor em espécie.

O **abono é facultado ao empregado e só poderá ocorrer em cima de 1/3 do período de férias**, não podendo o empregado realizar a "venda" do período integral. O legislador já previa que se não houvesse a vedação, grande parte dos empregados iriam optar pelo abono pecuniário. Porém, caso houvesse a venda do período total de férias, a saúde e integridade física do empregado estaria em risco e, por isso, ocorreu a vedação.

Além disso, o empregado deverá **notificar** o empregador sobre a sua intenção do abono pecuniário **com pelo menos 15 dias antes de encerrar o seu período aquisitivo** de férias. Feita a requisição nos termos expostos, o empregador será obrigado a acatar a solicitação do funcionário e comprar os dias vendidos.

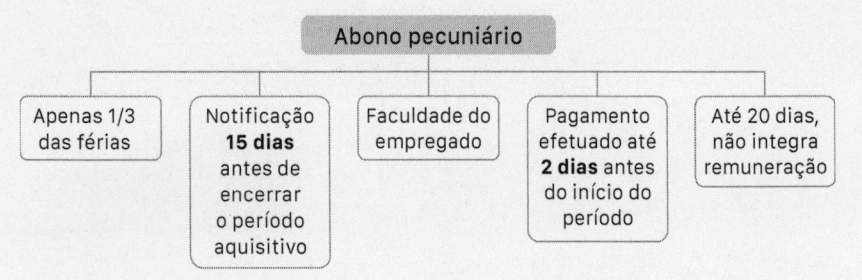

II.3. FÉRIAS COLETIVAS

Quando o empregador fornece férias para um grupo de empregados de uma só vez, ocorre o que chamamos de férias coletivas (art. 139, da CLT).

Nesse sentido, as férias coletivas poderão ser concedidas em dois períodos não inferiores a 10 dias consecutivos e, além disso, o empregador deverá comunicar as férias coletivas aos empregados, ao sindicato de classe e À DRT (Delegacia Regional do Trabalho) com antecedência mínima de 15 dias.

II.4. FÉRIAS CONCEDIDAS FORA DO PRAZO

O art. 137 da CLT prevê como penalidade para o empregador que não conceder as férias dentro do período determinado em lei, o pagamento em dobro da respectiva remuneração. Além disso, incorrerá na mesma pena o empregado que deixar de efetuar em até dois dias antes do início das férias o pagamento destas ou, se for o caso, do abono pecuniário (art.145, da CLT).

Ademais, existe entendimento do TST sobre o dever do pagamento em dobro das férias, incluindo o terço constitucional de férias na base do cálculo (OJ n° 386 SDI-1).

II.5. PERDA DO DIREITO DE USUFRUIR AS FÉRIAS

Como visto no início deste capítulo, os dias de férias dependerão da quantidade de faltas injustificadas que o empregado apresentar durante o período aquisitivo, sendo que, após 32 faltas injustificada, perde-se por completo o direito de usufruir as férias anuais.

Além dessa hipótese, o art. 133 da CLT traz outras situações que acarretam na perda das férias do empregado. Vejamos:

a. O trabalhador que deixar o emprego e que não seja readmitido nos próximo 60 dias, a contar de sua saída;

b. Permanecer no usufruto da licença remunerada por mais de 30 dias;

c. Deixar de trabalhar por mais de 30 dias, de forma remunerada, devido à paralisação parcial ou total dos serviços da empresa; e

d. Seja beneficiário da Previdência Social por motivos de acidente de trabalho ou receba o auxílio-doença por mais de 6 meses, ainda que descontínuos.

Ainda, no mesmo art., o legislador determina que, para os casos mencionados, deverá se iniciar uma nova contagem para o período aquisitivo, a partir da volta do trabalhador.

✛ EXERCÍCIOS DE FIXAÇÃO

01. Ano: 2023 Banca: Fundação de Estudos e Pesquisas Socioeconômicos - FEPESE Prova: FEPESE - Prefeitura - Analista de Recursos Humanos – 2023

Assinale a alternativa correta.

A) O trabalhador adquire direito a férias após cada período de 12 meses (período aquisitivo), contando-se a partir do ano civil e não do contratual.

B) O início das férias deve ser comunicado ao empregado com, no mínimo, quinze dias de antecedência, por escrito e mediante recibo.

C) Durante as férias, o empregado não poderá prestar serviços a outro empregador, salvo se estiver obrigado a fazê-lo em virtude de contrato de trabalho regular, como no caso de ter dois empregos.

D) A partir da entrada em vigor da Lei 13.467/2017, as férias podem ser fracionadas em até três períodos, sem escolha por parte do funcionário, desde que a empresa decida por este fracionamento.

E) Inicia-se a contagem do período de concessão das férias após o cumprimento do período de experiência no trabalho.

02. Ano: 2022 Banca: Funatec Prova: Funatec - Câmara de Presidente Dutra - Analista de Controle Interno – 2022

De acordo com a CLT (Consolidação das Leis Trabalhistas), em seu art. 130 afirma que após cada período de 12 (doze) meses de vigência do contrato de trabalho, o empregado terá direito a férias. Em caso de faltas durante esse período aquisitivo, as férias poderão sofrer algumas redutibilidades de dias, proporcionalmente ao número de faltas do empregado.

Com base nessas informações, assinale corretamente a assertiva que está de acordo com a legislação citada, sobre a quantidade de faltas do empregado que afetará a quantidade de dias de férias concedidos pelo empregador.

A) 30 (trinta) dias corridos, quando não houver faltado ao serviço mais de 2 (duas) vezes

B) 22 (vinte e dois) dias corridos, quando houver tido de 6 (seis) a 15 (quinze) faltas

C) 18 (dezoito) dias corridos, quando houver tido de 15 (quinze) a 23 (vinte e três) faltas

D) 14 (quatorze) dias corridos, quando houver tido de 22 (vinte e duas) a 32 (trinta e duas) faltas.

» GABARITO

01.

A) Errada: Após cada período de 12 (doze) meses **de vigência do contrato de trabalho**, o empregado terá direito a férias (Art. 130, da CLT).

B) Errada: A concessão das férias será participada, por escrito, ao empregado, **com antecedência de, no mínimo, 30 (trinta) dias**. Dessa participação o interessado dará recibo (Art. 135, da CLT).

C) Correta: Letra de Lei. Durante as férias, o empregado não poderá prestar serviço, a outro empregador, salvo se estiver obrigado a fazê-lo em virtude de contrato de trabalho regularmente mantido com aquele (Art. 138, da CLT).

D) Errada: **Desde que haja concordância do empregado**, as férias poderão ser usufruídas em até três períodos, sendo que um deles não poderá ser inferior a quatorze dias corridos e os demais não poderão ser inferiores a cinco dias corridos, cada um (Art. 134, §1º, da CLT).

E) Errada: Inicia-se a contagem do período de concessão das férias **a partir do primeiro dia do contrato de trabalho.**

02.

A) Errada: Serão 30 dias de férias, quando o empregado **não houve**r faltado ao serviço mais de 5 vezes.

B) Errada: Serão 24 dias de férias, quando o empregado tiver de 6 a 14 faltas.

C) Correta: Para resolver a questão facilmente, é necessário fazer a tabela que ensinamos nesse capítulo. Assim, serão 18 dias de férias, quando o empregado tiver de 15 a 23 faltas.

D) Errada: Serão 12 dias corridos, quando o empregado tiver de 24 a 32 faltas.

12

SEGURANÇA E MEDICINA DO TRABALHO

Desde a Constituição Federal de 1934 **já** eram abordados os assuntos pertinentes à segurança do trabalhador. Após algumas adaptações que ocorreram em algumas constituições posteriores, a Carta Magna de 1988 finalmente especificou que o empregado terá direito a redução dos riscos inerentes ao trabalho, por meio de normas de saúde, higiene e segurança (art. 7, XXII, CF/88).

Neste capítulo, vamos abordar os principais assuntos relacionados à segurança e à medicina do trabalho.

12.1. CIPA E OIT

A Comissão Interna de Prevenção de Acidentes (CIPA), é composta por representantes dos empregados e dos empregadores de uma determinada empresa e possui a missão de fornecer instruções para a prevenção de acidentes, além de supervisionar as atividades realizadas dentro da empresa e os equipamentos de segurança. **A instalação da CIPA é obrigatória em todas as empresas (públicas ou privadas) que possuem mais de 50 empregados.**

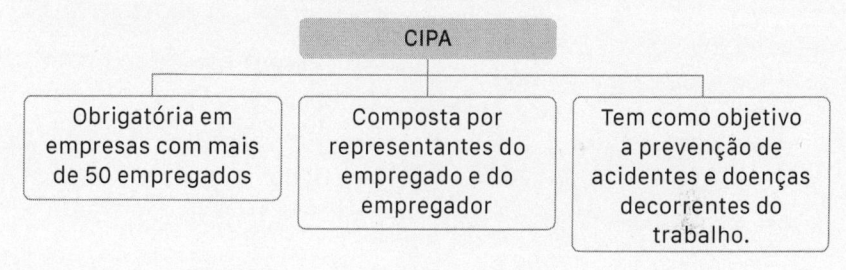

Por outro lado, a Organização Internacional do Trabalho (OIT), tem como objetivo promover a igualdade, a dignidade, a segurança e, principalmente, proporcionar condições dignas de trabalho para o empregado.

Ademais, a OIT cria convenções, também chamadas de tratados internacionais, que poderão ser ou não ratificados pelos estados-membros.

12.2. EQUIPAMENTOS DE PROTEÇÃO INDIVIDUAL (EPI)

Como o próprio nome sugere, os EPI são equipamentos que visam proteger o empregado de possíveis acidentes no ambiente de trabalho. Existem EPI para proteção auditiva, como abafadores de ruídos; para proteção respiratória, como máscaras e filtros; para proteção visual, como óculos e viseiras, entre outras centenas de materiais que aumentam a proteção do trabalhador.

Por lei, **os empregadores são obrigados a fornecer o EPI de forma gratuita e em perfeitas condições de uso** (art.166, da CLT) e, o empregado que se recusar a fazer uso do material fornecido cometerá falta grave (art. 158, parágrafo único, b, da CLT).

Sabe-se que a grande maioria das funções que expõe a saúde do empregado a certo tipo de risco acabam por garantir a ele um adicional de insalubridade, assunto que será abordado mais adiante.

Porém, com relação ao adicional de insalubridade, caso seja comprovado que o EPI fornecido ao empregado foi capaz de eliminar por completo os agentes causadores da insalubridade, perde-se o direito ao adicional (Súm. nº 80, do TST).

Repare ainda que, **a entrega do EPI ao empregado por si só não extinguirá o direito deste de receber o adicional de insalubridade**, sendo necessário que haja a efetiva comprovação da eliminação da nocividade (Súm. nº 289, do TST).

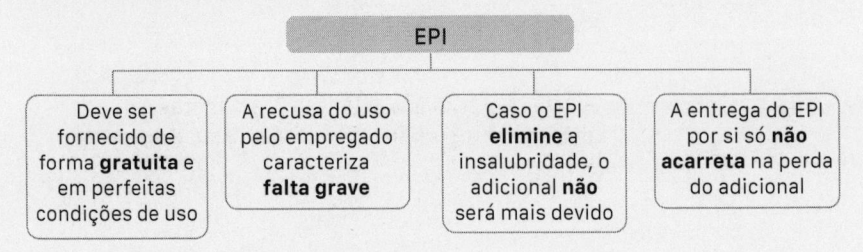

12.3. **INSALUBRIDADE**

As atividades insalubres são aquelas que colocam constantemente a saúde do empregado em risco, devido à presença de agentes nocivos no ambiente de trabalho. Serão consideradas atividades insalubres todas aquelas que forem devidamente reconhecidas pelo Ministério do Trabalho, não sendo possível que o empregado ou o empregador, por si só, definam uma atividade como insalubre.

12.3.1. **ADICIONAL DE INSALUBRIDADE**

Como visto anteriormente, para as atividades insalubres existe o adicional de insalubridade, que visa compensar monetariamente o empregado que coloca a saúde em risco exercendo suas atividades exposto **à agentes nocivos.**

A Súm. n° 47, do TST, garante o adicional até para os empregados que exercem atividades insalubres em parte de sua jornada, não sendo necessário que o empregado trabalhe em tempo integral nessas condições para fazer jus ao benefício.

Podemos encontrar as atividades consideradas insalubres na Portaria n° 3.214/1978, NR n° 15, do Ministério do Trabalho, entre elas estão as atividades que envolvam agentes químicos, atividades com exposição ao sol e frio extremo etc. Ainda, o trabalhador rural que mexa com agrotóxicos e fertilizantes também terá direito ao respectivo adicional.

Por fim, lembre-se que o EPI que for capaz de eliminar completamente a nocividade das atividades exercidas pelo empregado, elimina igualmente o adicional anteriormente devido.

12.3.2. **CÁLCULO**

O percentual do adicional de insalubridade poderá ser de 10% (mínimo), 20% (médio) ou 40% (máximo), a depender do grau de insalubridade apurado. Ainda, o percentual terá como base de cálculo o salário-mínimo vigente (art. 195, §2°, da CLT).

Por fim, destacasse que a CF/88, em seu art. 7°, XXXIII, vedou o trabalho do menor em ambientes insalubres.

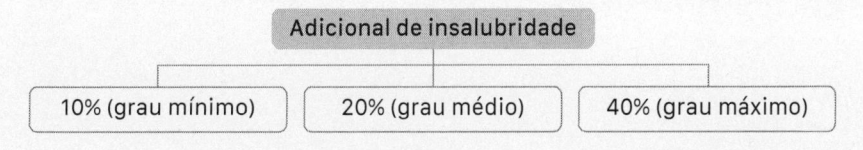

Adicional de insalubridade

10% (grau mínimo) | 20% (grau médio) | 40% (grau máximo)

12.3.3. PERÍCIA

Já sabemos que para que uma atividade seja considerada insalubre, é necessário que ela esteja prevista na NR nº 15 do Ministério do Trabalho. Assim, na mesma linha de raciocínio, o legislador determinou que, caso o empregado pleiteie em juízo adicionais de insalubridade referente as atividades que exercia em seu trabalho, o adicional só será devido após feita a perícia para a classificação da insalubridade (art.195, da CLT).

Nessa linha, caso a perícia constate insalubridade no local de trabalho, o adicional será devido mesmo que seja de categoria ou grau diverso do que fora pleiteado em juízo pelo empregado (Súm. 293, do TST).

12.4. ATIVIDADES PERIGOSAS E O ADICIONAL DE PERICULOSIDADE

Diferentemente da insalubridade, que coloca em risco a saúde do trabalhador, a periculosidade coloca em risco a vida do empregado. Além disso, outra diferença importante está no adicional devido: **o adicional de periculosidade sempre será de 30% sobre o salário base**, pois não há como classificar o grau de perigo de vida que o empregado irá correr.

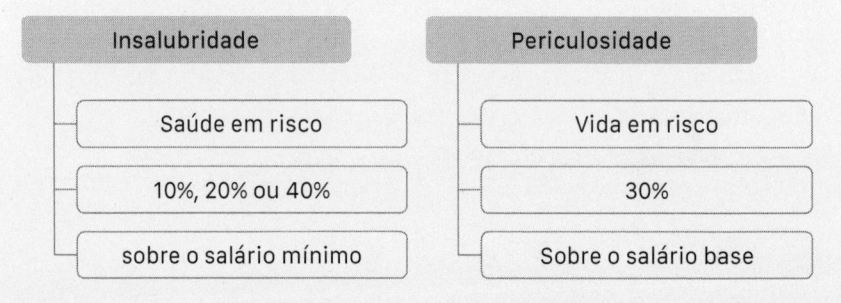

Insalubridade	Periculosidade
Saúde em risco	Vida em risco
10%, 20% ou 40%	30%
sobre o salário mínimo	Sobre o salário base

> **Dica de prova**
>
> Caso haja confusão sobre a incidência do adicional no salário-mínimo ou no salário base, lembre-se que a letra **"p"** de periculosidade se assemelha à letra **"b"**, se invertido.
>
> Assim a **p**ericulosidade irá incidir sobre o salário **b**ase do empregado.

Os trabalhos considerados perigosos estão previstos no art. 193, I e II, da CLT. Além das previstas nos dois incisos do artigo, o §4º prevê a periculosidade para os que exercem atividade em motocicleta, como os *motoboys*, por exemplo.

a. Trabalho com explosivos
b. Trabalho com violência
c. Trabalho com inflamáveis
d. Trabalho com radiação
e. Trabalho com eletricidade
f. Trabalho com motocicleta

> **Dica de prova**
>
> Sempre fui fã de mnemônicos para a memorização. Assim, caso se depare com alguma questão que peça a identificação das atividades perigosas, lembre-se das iniciais por meio da palavra **MEVIRE**. Assim, poderá acertar a questão pelo método de exclusão das alternativas erradas.

Ainda, urge ressaltar a Súm. nº 447, do TST, que excluiu das atividades perigosas os empregados comandantes e comissários que permanecem no interior da aeronave no momento do abastecimento e, ainda, a Súm. nº 364, do TST, que garante o adicional de periculosidade também para os empregados intermitentes, sendo vedado apenas nos casos em que o contato com o perigo seja eventual.

Ademais, **fica proibida**: a atividade perigosa exercida por menor de 18 anos e; a cumulação de adicionais (periculosidade + insalubridade), devendo o empregado optar por qual deseja receber (art. 193, §2º).

Por fim, salienta-se que a comprovação da periculosidade em determinada atividade dar-se-á pela realização de perícia e, caso eventualmente ocorra a eliminação do risco na atividade, cessa-se o direito ao adicional.

01. Ano: 2022 Banca: Fundação Mariana Resende Costa - FUMARC Prova: FU-MARC - TRT 3 - Residência Jurídica – 2022

Em relação às atividades e aos adicionais de insalubridade e periculosidade, é **INCORRETO** afirmar:

A) Não é possível a cumulação dos adicionais de insalubridade e periculosidade, devendo o empregado, quando constatado, cujo labor se dava em condições insalubre e periculosa, optar pelo que lhe for mais vantajoso.

B) O exercício de trabalho em condições insalubres, acima dos limites de tolerância estabelecidos pelo Ministério do Trabalho, assegura a percepção de adicional, respectivamente, de 40% (quarenta por cento), 20% (vinte por cento) e 10% (dez por cento) do salário-mínimo (salvo critério mais vantajoso previsto ao trabalhador em norma coletiva ou legislação específica), segundo se classifiquem nos graus máximo, médio e mínimo.

C) O trabalho em condições de periculosidade assegura ao empregado um adicional de 30% (trinta por cento) sobre o salário sem os acréscimos resultantes de gratificações, prêmios ou participações nos lucros da empresa.

D) Tem direito ao adicional de periculosidade o empregado exposto permanentemente ao agente perigoso e que se sujeita a condições de risco. Indevido, apenas, quando o contato se dá de forma intermitente ou eventual.

02. Ano: 2022 Banca: Fundação Carlos Chagas - FCC Prova: FCC - TRT 9 - Analista Judiciário - Área Judiciária – 2022

Sobre segurança e medicina do trabalho, Equipamento de Proteção Individual (EPI) e atividades perigosas, considere:

I. A empresa é obrigada a fornecer aos empregados, gratuitamente, EPI adequado ao risco e em perfeito estado de conservação e funcionamento, sempre que as medidas de ordem geral não ofereçam completa proteção contra acidentes e danos à saúde dos empregados.

II. Após a constatação do trabalho em condições insalubres, o direito do empregado ao adicional de insalubridade não cessará, nem mesmo com a eliminação do risco à sua saúde, por se tratar de direito adquirido que integra o contrato de trabalho.

III. Serão exigidos exames toxicológicos, previamente à admissão e por ocasião do desligamento, para as profissões de motorista profissional, engenheiro civil e médico, assegurados o direito à contraprova em caso de resultado positivo e a confidencialidade dos resultados dos respectivos exames.

IV. São consideradas atividades ou operações perigosas aquelas que, por sua natureza ou métodos de trabalho, impliquem risco acentuado em virtude de exposição permanente do trabalhador a inflamáveis, explosivos ou energia elétrica; roubos ou outras espécies de violência física nas atividades profissionais de segurança pessoal ou patrimonial; o trabalho em altura superior a 2 metros; e as atividades laborais com utilização de motocicleta ou motoneta no deslocamento de trabalhador em vias públicas.

V. O trabalho em condições de periculosidade assegura ao empregado um adicional de 30% sobre o salário sem os acréscimos resultantes de gratificações, prêmios ou participações nos lucros da empresa.

Está correto o que se afirma APENAS em:

A) I.

B) II, IV e V.

C) I, III e V.

D) I e V.

E) II, III e IV.

» GABARITO

01.

A) Correta.

B) Correta.

C) Correta.

D) Errada: Tem direito ao adicional de periculosidade o empregado exposto permanentemente **ou que, de forma intermitente, sujeita-se a condições de risco**. Indevido, apenas, quando o contato dá-se de forma eventual, assim considerado o fortuito, ou o que, sendo habitual, dá-se por tempo extremamente reduzido (Súmula nº 364 do TST).

02.

A) Errada: **A afirmativa I está correta** pois realmente é obriga**ção da empresa** fornecer aos seus empregados, gratuitamente, EPI adequado ao risco e em perfeito estado de conservação e funcionamento, sempre que as medidas de ordem geral não ofereçam completa proteção contra acidentes e danos à saúde os empregados. Porém, a alternativa "a" não é o gabarito pois, além da afirmativa I, existem outras que são verdadeiras.

B) Errada: A afirmativa II está errada porque o direito do empregado ao adicional de insalubridade ou de periculosidade cessará com a eliminação do risco à sua saúde ou integridade física. Além disso, a afirmativa IV também está errada pois serão consideradas atividades perigosas apenas aquelas que estudamos anteriormente (MEVIRE – Motocicleta; Eletricidade; Violência; Inflamáveis; Radiação e; Explosivos). Por conseguinte, a afirmativa V está correta.

C) Errada: Afirmativa I está correta; Afirmativa V está correta; porém, a afirmativa III está errada pois, nos termos do art. 168, §6°, da CLT, serão exigidos exames toxicológicos, previamente à admissão e por ocasião do desligamento, apenas para o motorista profissional.

D) Correta: As afirmativas I e V estão corretas.

E) Errada: As afirmativas II, III e IV estão erradas.

13 EXTINÇÃO DO CONTRATO DE TRABALHO

13.1. RESCISÃO CONTRATUAL

A rescisão contratual ocorre com o encerramento da relação trabalhista. Existem diversas formas de rescindir o contrato de trabalho e, tanto o empregado quanto o empregador devem estar preparados para o acontecimento. Além disso, a rescisão do contrato de trabalho pode ser iniciada por quaisquer das partes e, para cada caso, será devido certo tipo de verba rescisória. A seguir, vamos estudar os tipos de rescisões contratuais e quais são as verbas rescisórias devidas para cada caso.

13.1.1. RESCISÃO PELO EMPREGADO (PEDIDO DE DEMISSÃO)

Quando o empregado toma a iniciativa para a rescisão contratual e faz o pedido de demissão, deverá observar algumas obrigações perante o seu empregador.

Primeiramente, é necessário formalizar a demissão, que deve ser feito por meio de uma carta constando a data do pedido e a assinatura do trabalhador. Além disso, o empregado terá de dar o aviso prévio de 30 dias, na forma indenizada ou trabalhada. Importante mencionar aqui que, diferentemente dos casos em que o aviso prévio é concedido pelo empregador, o empregado não precisa pagar o aviso prévio proporcional ao tempo de trabalho, não sendo necessário computar três dias a mais para cada ano trabalhado.

Ressalta-se ainda que o trabalhador que pede demissão não possui direito à redução de 2 horas na sua jornada de trabalho durante o cumprimento do aviso prévio. Entende-se que como houve pedido de demissão, o empregado não está desamparado e nem a procura de nova oportunidade de emprego

Ademais, quando o contrato de trabalho é rescindido pelo empregado não há a possibilidade de movimentar a conta vinculada ao FGTS.

Nessa esteira, segue a lista das verbas rescisórias devidas nessa modalidade de rescisão:

a. Saldo de salário;
b. 13º salário proporcional;
c. Férias proporcionais e vencidas (se houver);
d. 1/3 sobre as férias proporcionais e vencidas (se houver).

Importante mencionar que após a Reforma Trabalhista **o empregador passou a ter o prazo de 10 dias – a contar do término do contrato – para realizar o pagamento de todas as verbas rescisórias devidas ao empregado.**

13.1.2. RESCISÃO PELO EMPREGADOR

Na rescisão feita pelo empregador, ou seja, na dispensa do funcionário, é necessário observar se houve justa causa ou não pois, caso haja justa causa na demissão, as verbas rescisórias diminuem consideravelmente, além de não ser devido a multa de 40% e de não ser possível a movimentação da conta vinculada ao FGTS. Vejamos as verbas rescisórias devidas nos casos de demissões sem e com justa causa.

a. **Sem justa causa**
a.1. Saldo de salário;
a.2. Aviso prévio;
a.3. 13º salário proporcional;
a.4. Férias proporcionais e vencidas (se houver);
a.5. 1/3 sobre as férias proporcionais e vencidas (se houver);
a.6. FGTS + 40%.
a.7. Seguro-desemprego

b. **Com justa causa**
b.1. Saldo de salário;
b.2. Férias vencidas (se houver);
b.3. 1/3 sobre as férias vencidas (se houver).

Direitos	Pedido de Demissão	Demissão por Acordo	Sem Justa Causa	Com Justa Causa
Saldo de Salário	✔	✔	✔	✔
13° Proporcional	✔	✔	✔	✘
Aviso Prévio	✔	✔	✔	✘
Seguro Desemprego	✘	✘	INSS ✔	✘
Saque FGTS	✘	80% ✔	100% ✔	✘
Multa FGTS	✘	20% ✔	40% ✔	✘
Férias Proporcional	✔	✔	✔	✘

13.1.3. DEMISSÃO COLETIVA

A dispensa coletiva ocorre quando a empresa realiza a demissão de vários funcionários por um único motivo, sem o intuito de substituí-los. Geralmente, a demissão coletiva (também chamada de demissão em massa) ocorre por conta de prejuízos na empresa ou por uma crise econômica, como aconteceu recentemente no país em decorrência da COVID-19, por exemplo.

A legislação não determinou um número mínimo para que fosse caracterizado uma demissão coletiva, bastando que a quantidade seja suficiente para causar certo impacto na sociedade e que as demissões ocorram pelo mesmo motivo. Ainda, malgrado a Reforma Trabalhista autorizar em seu art. 477-A a demissão em massa sem a necessidade de um acordo coletivo ou autorização prévia do sindicato, em 2022 o STF decidiu que é obrigatória a intervenção sindical para as demissões em massa (RE n° 999.435).

Ademais, nessa hipótese de rescisão contratual, será devido ao empregado todas as verbas rescisórias previstas em lei, como se fosse uma rescisão individual sem justa causa.

13.1.4. APOSENTADORIA

Mesmo após adquirida a aposentadoria pelo INSS, é legalmente possível que o empregado continue exercendo suas atividades laborativas na empresa. Porém, é necessário observar alguns requisito específicos da situação.

Caso o empregado permaneça trabalhando para o empregador, a baixa em sua Carteira de Trabalho (CTPS) deverá ocorrer no dia anterior ao do início da aposentadoria e, a readmissão, no dia seguinte.

Além disso, o empregado que for aposentado não terá direito ao aviso prévio nem à multa dos 40%. Porém, **poderá movimentar a conta vinculada ao** FGTS. Ressalto aqui o entendimento do TST na OJ n° 361, que declara que **a aposentadoria espontânea não é causa para a extinção do contrato de trabalho quando o empregado continua a trabalhar para a empresa**, justificando assim o porquê de não ser devido a multa dos 40% no caso de aposentadoria.

13.1.5. EXTINÇÃO DA EMPRESA

Quando a empresa encerrar suas atividades ou for à falência, todas as verbas rescisórias serão devidas ao empregado, nos mesmos efeitos de uma demissão involuntária.

13.1.6. FORÇA MAIOR

O fenômeno da força maior é todo acontecimento que ocorre independentemente da vontade do empregador. Desse modo, sempre que acontecer um fato por força maior, poderá haver a rescisão do contrato de trabalho nos efeitos da demissão involuntária, sendo devida todas as verbas trabalhistas previstas em lei.

Porém, caso haja nexo causal entre o empregado e o fato ocorrido, não será possível a rescisão com efeitos da dispensa imotivada, sendo obrigatório apenas o pagamento da metade das verbas devidas, inclusive a multa do FGTS.

13.1.7. MORTE DO EMPREGADO

A extinção do contrato de trabalho também pode se dar pela morte do empregado. Caso isso ocorra, os herdeiros necessários terão direito ao recebimento das verbas decorrente do trabalho feito pelo de cujus. Entre as verbas devidas estão o saldo de salário, o 13° salário proporcional, as férias proporcionais e vencidas (se houver), o terço sobre as férias proporcionais e vencidas (se houver) e, ainda, é permitido o saque do valor integral do valor vinculado à conta do FGTS.

13.2. JUSTA CAUSA

Primeiramente, há de se salientar que a justa causa e a falta grave são institutos distintos. A justa causa ocorre quando há a rescisão do contrato de trabalho em decorrência de uma falta grave cometida pelo empregado. As faltas graves estão previstas no art. 482, da CLT.

Além disso, diversos princípios amparam e regem a falta grave cometida pelo empregado e é imprescindível que todos eles sejam cirurgicamente observados pelo magistrado na hora de analisar a legalidade da demissão. Vamos analisar os principais princípios.

13.2.1. PRINCÍPIO DA TAXATIVIDADE

O art. 482 da CLT é cristalino ao taxar as faltas graves que podem justificar uma demissão por justa causa. Assim, apenas o que está previsto em lei poderá ser considerado falta grave para todos os efeitos legais.

13.2.2. PRINCÍPIO DA IMEDIATIVIDADE

Esse princípio declara que, ao saber da falta grave cometida pelo trabalhador, o empregador deverá tomar as medidas cabíveis imediatamente após a descoberta da falta cometida, sob pena de perder o direito de demitir com a justa causa.

Perceba: **a punição deve ser aplicada imediatamente após a descoberta do fato**, não importando se a falta ocorreu dias ou meses antes da ciência. Ou seja, se o trabalhador comete a falta grave no dia 01/01/2023 mas, o empregador só toma conhecimento no dia 01/03/2023, a justa causa ainda será possível. Caso o empregador, mesmo após a ciência do fato, permaneça inerte, subentende-se que houve o perdão da prática, não sendo possível a demissão posterior pelo mesmo fato.

13.2.3. PRINCÍPIO DO PREQUESTIONAMENTO

O princípio do prequestionamento obriga o empregador a notificar o empregado de todas as faltas habituais por ele cometidas. Não sendo possível, portanto, a demissão por justa causa com base na cumulação de faltas sem que haja a devida notificação ao trabalhador.

Por exemplo, Maria trabalha para Mirtes e, no decorrer do vínculo empregatício, Maria constantemente chega atrasada no local de trabalho. Dessa forma, Mirtes deverá aplicar advertências e suspensões antes de finalmente demiti-la por justa causa.

O princípio aqui exposto visa dar chances ao empregado que está prestes a perder o emprego devido sua a reincidência constante de condutas ilegais.

13.2.4. PRINCÍPIO DA CAUSALIDADE

O princípio da causalidade protege o funcionário de ser responsabilizado por faltas graves cometidas por terceiros, salvo se houve a responsabilidade direta ou indireta pelo fato. Ou seja, caso ocorra algo grave ou prejuízos dentro de determinado setor, o chefe da equipe não poderá ser punido apenas por ser o responsável pelo grupo. Dessa forma, a punição apenas será possível se for comprovado o nexo de causalidade entre o autor e a falta grave cometida.

13.2.5. PRINCÍPIO DA PROPORCIONALIDADE

Esse princípio, presente em quase todas as áreas do direito, visa proteger o empregado de punições com consequências desproporcionais ao ato praticado.

Para a correta aplicação da sanção, deve-se observar os elementos subjetivos da conduta do autor (dolo ou culpa) e, ainda, a proporção do prejuízo causado.

13.2.6. PRINCÍPIO DA ISONOMIA

Tal princípio prevê que todos os empregados envolvidos na mesma falta grave, deverão receber o mesmo tipo de sanção, a fim de evitar qualquer discriminação ou favoritismo por parte do empregador.

13.3. FALTA GRAVE (ART. 482, DA CLT)

Como vimos anteriormente, a falta grave e a justa causa são institutos distintos, onde a falta grave cometida pelo trabalhador é o que desencadeia a possibilidade da demissão com o instituto da justa causa. Já vimos também que o rol das faltas graves é taxativo e está previsto no art. 482, da CLT. Diante disso, vamos minuciar cada uma das faltas prevista em lei.

13.3.1. ATO DE IMPROBIDADE

Comete o ato de improbidade o empregado que passa a ter condutas desonestas e desleais. Ímprobo é o antônimo de probo (honesto) e, toda ação ou omissão ímproba cometida pelo empregado que envolva abuso de confiança, fraude ou má-fé será considerada falta grave por ato de improbidade.

São exemplos de atos ímprobos as alterações de atestados **médicos**, o furto de pequeno ou alto valor etc.

13.3.2. INCONTINÊNCIA DE CONDUTA *OU* MAU PROCEDIMENTO

Primeiramente, apesar de estarem previstos no mesmo inciso da lei, é necessário esclarecer que são institutos distintos.

a. Incontinência de conduta

A incontinência de conduta são os atos relacionados à aspectos sexuais ou atos que contenham obscenidade e que, necessariamente, acontecem durante a prestação de serviços ou dentro do local de trabalho.

> **Dica de prova**
>
> Para facilitar a memorização, uso a técnica da incontinência urinária. Sabemos que a doença está relacionada à perda do controle do ato de urinar. Assim, associo a urina com órgão genital e, rapidamente, consigo associar a incontinência de conduta com atos libidinosos.

b. Mau procedimento

Por outro lado, o mau procedimento se enquadra nas condutas que não chegam a ser ímprobas, pois não envolvem o mau caráter do funcionário, porém, não são condutas adequadas e bem vistas pelo empregador.

Podemos utilizar, como exemplo, o empregado que usa o veículo da empresa para satisfazer interesses particulares ou utiliza a impressora do ambiente de trabalho para imprimir diversos documentos de interesse próprio. Ainda, é considerado um mau procedimento o empregado que faz comentários negativos da própria empresa nas redes sociais.

Considero a falta grave por mau procedimento algo mais delicado de se identificar e até mesmo de se comprovar, devendo o magistrado analisar os detalhes do caso concreto.

13.3.3. NEGOCIAÇÃO HABITUAL *E* ATO DE CONCORRÊNCIA

Aqui podemos enxergar duas possibilidades de falta grave. Na negociação habitual, temos o empregado que comercializa produtos e alimentos dentro do local de trabalho. É comum, por exemplo, encontrarmos empresas que possuem funcionários que vendem trufas, bolos ou produtos artesanais para os colegas de trabalho. Apesar de corriqueira, essa prática pode se enquadrar em falta grave e ensejar uma demissão por justa causa.

Além disso, se enquadra no mesmo inciso, o empregado que passa a ser concorrente direto de seu empregador, vendendo os mesmos serviços ou produtos e, muitas vezes, para os clientes do próprio empregador, caracterizando uma concorrência desleal. Além disso, é necessário que haja habitualidade na prática.

13.3.4. CONDENAÇÃO CRIMINAL DO EMPREGADO

Para que seja possível a demissão com justa causa por condenação criminal do empregado, é imprescindível que a condenação tenha transitado em julgado e que haja a reclusão do funcionário.

Sabemos que, na teoria, não é possível a discriminação pelos atos já praticados pelo trabalhador, até para que seja possível uma inserção do ex condenado ao mercado de trabalho. Porém, caso o empregado seja condenado à pena de reclusão, não será possível a sua presença no ambiente de trabalho. Assim, para não prejudicar o empregador com o pagamento de verbas rescisórias, o legislador autorizou a dispensa por justa causa do empregado nas condições descritas.

13.3.5. DESÍDIA

No dicionário, desídia significa falta de atenção; de zelo; desleixo etc. Ou seja, o empregado que exerça suas funções com desídia, estará agindo com desleixo, relaxo e má vontade.

Nessa modalidade de falta, é importante destacar que **um único ato de desídia não configura justa causa**, visto que, geralmente, são atos de pouca relevância. Porém, a sua reincidência constante pode causar prejuízos à empresa. São exemplos de desídias os atrasos contínuos, os cochilos no expediente etc.

13.3.6. EMBRIAGUEZ HABITUAL *OU* EM SERVIÇO

Tanto a embriaguez habitual quanto a embriaguez em serviços irão configurar falta grave que poderá se converter em justa causa. Ainda, ressalto que a embriaguez citada no artigo se enquadra nos casos que envolvam bebidas ou **tóxicos**.

a. Embriaguez habitual

A embriaguez habitual deve ser analisada cirurgicamente pois, na maioria das vezes, o empregado que se embriaga frequentemente está nas condições de dependente químico, não sendo tão adequado puni-lo por estar doente.

Assim, constatada a doença em virtude da dependência alcoólica ou tóxica, deverá o empregado ser afastado de suas atividades laborativas para iniciar tratamento adequado e encaminhado ao INSS para receber o auxílio-doença.

Porém, caso seja comprovada a inexistência da doença no empregado, a embriaguez, desde que seja habitual, será sim motivo para uma demissão com justa causa.

b. Embriaguez em serviço

A embriaguez em serviço, como o próprio nome sugere, é a embriaguez que ocorre dentro do expediente do empregado. Nesse caso, basta uma única falta para ensejar na demissão com justa causa, não sendo necessário a habitualidade.

13.3.7. VIOLAÇÃO DE SEGREDO DE EMPRESA

Estará sujeito à demissão por justa causa o empregado que divulgar quaisquer informações ou produtos que estavam sob sigilo na empresa.

Imagine que um empregado de uma metalúrgica fabricante de veículos possua o projeto de um carro que será lançado no mercado futuramente. Certamente esse projeto estará sob sigilo. Assim, caso esse empregado divulgue o projeto à terceiros não autorizados, poderá ser demitido por justa causa.

Ainda, incorre na mesma penalidade os bancários e os funcionário de administradoras de cartões de créditos que compartilharem as senhas que possuem conhecimento.

13.3.8. INDISCIPLINA *OU* INSUBORDINAÇÃO

A indisciplina ou a insubordinação são institutos semelhantes, sendo assunto cobrado com frequência em provas de concursos e OAB. Apesar da semelhança, ambas significam uma forma de desobediência. Porém, a indisciplina diz respeito à desobediência de normas e regras gerais, abstratas. Já a insubordinação é o descumprimento de uma ordem que veio diretamente do superior hierárquico para determinado empregado, sendo considerada uma desobediência de ordem direta e específica.

Como exemplo de indisciplina, podemos citar o empregado que mexe em aparelho celular durante o expediente mesmo após a proibição expressa e geral, atingindo todos os empregados do setor.

Já como exemplo de insubordinação, podemos citar o caso do empregado que recebeu ordens para elaborar uma planilha relacionada com as atividades exercidas e, mesmo assim, **não a fez**.

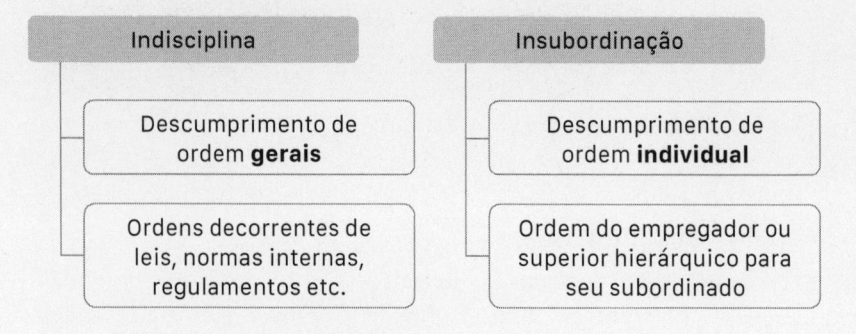

13.3.9. ABANDONO DE EMPREGO

Para que ocorra a caracterização do abandono de emprego, é necessário que o empregado tenha habitualidade nas faltas injustificadas constantes.

O TST entende que são necessários 30 dias consecutivos para que seja considerado abandono de emprego. Entretanto, caso o empregador consiga comprovar, antes de se completar os 30 dias, que o trabalhador não tem mais intenção de voltar ao trabalho, será possível de igual forma a demissão por justa causa. Nesse caso, é necessário que ocorra a prévia comunicação com o empregado, para entender o motivo das faltas e descobrir a sua intenção de retorno. A comunicação dar-se-á por meio de e-mail e, principalmente, carta AR enviada no endereço residencial do trabalhador, podendo servir como documentos comprobatórios no caso de uma ação trabalhista.

13.3.10. ATO LESIVO À HONRA E À BOA FAMA OU OFENSAS FÍSICAS NO SERVIÇO *CONTRA QUALQUER PESSOA DENTRO DA EMPRESA*

A falta grave em questão garante ao empregador a possibilidade de demitir por justa causa o empregado que praticar calúnia, injúria ou difamação **contra qualquer pessoa dentro da empresa**. Ainda, será punido igualmente o empregado que praticar agressões físicas, na modalidade tentada ou consumada, **dentro do local de trabalho**. Estará livre de punição se a agressão estiver amparada pela legítima defesa, própria ou de outrem.

13.3.11. ATO LESIVO À HONRA E À BOA FAMA OU OFENSAS FÍSICAS CONTRA O EMPREGADOR OU SUPERIOR HIERÁRQUICO

Atente-se aqui na principal diferença do texto de lei do inciso anterior: Ocorre a falta grave quando ocorrerem ofensas verbais ou físicas **contra o empregador ou superior hierárquico dentro ou fora da empresa**.

Essa é a explicação de haver dois incisos na lei, para tratar basicamente a mesma falta. No tópico anterior, qualquer ofensa, seja verbal ou **física, praticada contra qualquer pessoa, desde que ocorra dentro do local de trabalho**, será suficiente para justificar uma justa causa. Repare que aqui é condição fundamental a ofensa acontecer nos interiores da empresa.

Por outro lado, não será levado em conta o local da ofensa, verbal ou física, quando esta ocorrer contra empregador ou superior hierárquico. Por exemplo, estará configurada a falta grave caso um empregado encontre o seu empregador em uma festa qualquer e, em seguida, profira ofensas contra ele.

Por fim, é importante destacar que, existe entendimento do TST que classifica como falta grave a agressão realizada por meio de imprensa, seja em nome próprio ou em nome do sindicato que o empregado representa.

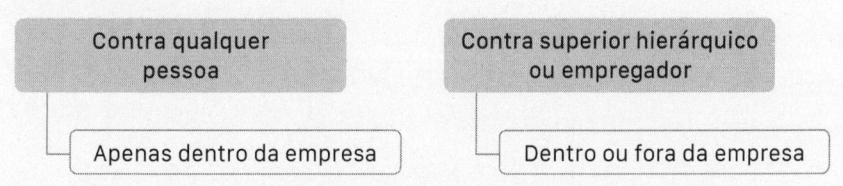

Contra qualquer pessoa	Contra superior hierárquico ou empregador
Apenas dentro da empresa	Dentro ou fora da empresa

13.3.12. PRÁTICA CONSTANTE DE JOGOS DE AZAR

Mais uma vez, o próprio nome da falta traz por si só a sua interpretação. A prática de jogos de azar justificam uma demissão por justa causa.

Porém, é importante salientarmos que é necessária a presença de alguns requisitos para que seja possível a classificação de falta grave.

Primeiramente, é necessário que haja a habitualidade nos jogos de azar. A legislação se refere especialmente a jogos de azar, ou seja, jogos que não dependem da habilidade do jogador para êxito, dependem exclusivamente da sorte. Além disso, o jogo deve envolver dinheiro, ser ilegal e, ainda, ser praticado dentro da empresa ou no horário de serviço.

13.3.13. PERDA DA HABILITAÇÃO

A justa causa por perda da habilitação ocorre quando o empregado perde, **de forma dolosa**, a habilitação necessária par exercer a função.

Um exemplo muito comum é o caso do motorista que perdeu sua Carteira Nacional de Habilitação por ser flagrado embriagado na direção do veículo. Outro bom exemplo, é o médico que comete crime na sua área e tenha seu CRM cassado. Dessa forma, caso o médico fosse empregado de um hospital, por exemplo, a cassação da sua habilitação profissional seria motivo para uma demissão por justa causa.

Não será possível a demissão por justa causa caso a perda da habilitação se dê por conduta culposa do empregado.

13.3.14. ATOS ATENTATÓRIOS À SEGURANÇA NACIONAL

Tal falta está prevista no parágrafo único do art. 482, da CLT. Surgiu no afã da ditadura militar, a fim de coibir reuniões e manifestações que apoiavam a volta da democracia e, claramente, encontra-se em desuso nos dias atuais.

13.4. OUTRAS FALTAS GRAVES PREVISTAS NA LEGISLAÇÃO

Além das faltas mencionadas no rol taxativo do art. 482, da CLT, existem na nossa legislação outras faltas graves que podem ocasionar uma justa causa para o empregado.

13.4.1. ESPECIFICIDADES DO EMPREGADO DOMÉSTICO

Já sabemos que o empregado doméstico possui legislação própria e, consequentemente, regras próprias de sua função. Não seria diferente no tocante à justa causa, onde é possível encontrar singularidades no art. 27 da LC nº 150/2015. Diante disso, destaquei abaixo apenas o inciso que é específico da lei citada, omitindo os demais incisos em comum com o art. 482, da CLT. Ainda assim, recomendo a leitura da lei seca.

Art. 27. Considera-se justa causa para os efeitos desta Lei: I - submissão a maus tratos de idoso, de enfermo, de pessoa com deficiência ou de criança sob cuidado direto ou indireto do empregado.

13.4.2. NÃO USO DO EPI

Já estudamos que é obrigação do empregador fornecer os equipamentos de segurança em perfeitas condições para os empregados que exerçam funções em ambientes insalubres. Igualmente, é obrigação do empregado que labora em tais condições fazer o uso do EPI fornecido.

Dessa forma, caso o empregado se recuse injustificadamente a fazer o uso dos equipamentos, poderá o empregador dispensá-lo por justa causa (art.158, parágrafo único, b, da CLT).

13.4.3. FERROVIÁRIO

O art. 240 traz o texto voltado para os empregados ferroviários. Consoante o art., nos casos de urgência ou acidente que afetem a segurança ou a regularidade do serviço, poderá, excepcionalmente, ocorrer o aumento da duração do período de trabalho. Nesses casos, caso haja a recusa do funcionário em realizar as horas extras, ficará caracterizada a falta grave na conduta.

13.4.4. APRENDIZ

Uma condição *sine qua non* para a legalidade do contrato de aprendiz é a matricula regular do jovem em curso de aprendizagem. Assim, caso seja constatada a falta de frequência e não aproveitamento do curso, poderá o empregador aplicar uma justa causa.

13.4.5. GREVE

O direito de greve possui previsão legal na Lei nº 7.783/1989 e, como se sabe, é um direito constitucional. Além disso, muitas vezes é uma prática discricionária do empregado, não sendo obrigatória a sua participação.

Porém, há limitações nesse direito quando o ato é praticado com abusos e, se comprovada a extrapolação, poderá ocasionar na demissão por justa causa.

A abusividade na greve se caracteriza quando o empregado suspende os seus serviços em atividades consideradas essenciais à população, tais como: assistência médica hospitalar, transporte coletivo, compensação bancária, controle de tráfego aéreo entre outras atividades previstas no art. 10, da Lei de Greve.

Ademais, os Tribunais do Trabalho devem observar o caso concreto para determinar se houve ou não o abuso no direito de greve.

13.4.6. VALE-TRANSPORTE

Primeiramente, é oportuno explicarmos resumidamente como funciona a concessão do vale-transporte (VT) para o empregado.

O empregado que faça uso de transporte público para se locomover de sua residência até o seu local de trabalho, fará jus ao vale-transporte. O benefício acarreta o desconto de 6% sobre a remuneração do empregado, independentemente do trajeto necessário. O desconto ocorre para que diminuam as chances do empregado solicitar o VT sem que realmente necessite.

Porém, o valor total depositado é com base no trajeto realizado mensalmente pelo funcionário, não podendo o VT ser utilizado, teoricamente, para percursos de atividades de interesse pessoal.

Entretanto, utópico imaginar que situações como a que mencionamos acima são exceções à regra. Constantemente, há práticas fraudulentas que objetivam aumentar o valor de depósito do VT, como alterações de itinerário, falsificação do real endereço do empregado etc.

Pensando nisso, o legislador determinou que caso seja constatada a declaração falsa do itinerário, será caracterizada a falta grave. Além disso, será considerada falta grave (na forma de ato de improbidade), o empregado que solicitar o benefício sem a real necessidade ou intenção de uso, como no caso de quem faz uso de veículo próprio para percorrer o trajeto, por exemplo.

13.5. RESCISÃO INDIRETA DO CONTRATO DE TRABALHO

A rescisão indireta é a possibilidade do empregado rescindir o seu contrato de trabalho por uma falta grave cometida pelo empregador.

Ou seja, quando a falta grave é cometida pelo trabalhador, o empregador tem direito à rescisão contratual por justa causa; porém, quando ocorre o inverso e o agente cometedor da falta for o próprio empregador, o trabalhador também terá direito de rescindir indiretamente o seu contrato, fazendo jus a todas as verbas trabalhistas previstas em lei.

Apesar de ser uma rescisão embasada em determinada falta grave, o empregador deverá conceder o aviso prévio na forma indenizada.

Existe um rol taxativo previsto no art. 483, da CLT, com as hipóteses que permitem a rescisão indireta. Vamos analisar em seguida.

13.5.1. SERVIÇOS SUPERIORES ÀS FORÇAS DO EMPREGADO

A alínea "*a*" do art. 483 da CLT, traz como hipótese de rescisão indireta os casos em que o empregado seja obrigado a realizar serviços que exijam força superior à sua capacidade física ou intelectual.

Ainda, com relação aos esforços físicos, houve uma proteção especial para a empregada mulher e o empregado menor de idade, sendo vedado incumbi-los de serviços que demandem força muscular superior a 20kg, nos casos de trabalho contínuo e, 25kg no caso de um serviço pontual (art. 390, *caput* e, 405, §5º, da CLT).

13.5.2. TRATAMENTO DESRESPEITOSO E COM RIGOR EXCESSIVO

Sabe-se que é obrigação do empregado e do empregador manter a urbanidade e o respeito dentro do local de trabalho. Porém, caso o empregador não saiba realizar a manutenção da disciplina de seus empregados sem incorrer no excesso e abuso, poderá haver a rescisão indireta do contrato de trabalho após a comprovação do tratamento inadequado.

13.5.3. PERIGO MANIFESTO DE MAU CONSIDERÁVEL

Nesse caso, para ensejar uma rescisão contratual indireta, **é necessário que haja a comprovação de um perigo anormal** e evidente que ponha em risco a integridade física ou a saúde do trabalhador.

Repare que não são os perigos normais da atividade, como os presentes em um atividade considerada insalubre, mas sim os perigos anormais, que não possuem previsão.

13.5.4. DESCUMPRIMENTO DE OBRIGAÇÕES CONTRATUAIS

O empregador que deixar de cumprir com as obrigações previstas em contrato de trabalho como, por exemplo, deixar de efetuar o pagamento de salário, deixar de conceder intervalo intrajornada, férias, entre outros descumprimentos, poderá ter o contrato rescindido de forma indireta pelo funcionário.

Ainda, o atraso salarial só poderá ser usado como motivo de rescisão indireta caso a mora seja igual ou superior a três meses (Art. 2º, §1º, do Decreto-lei nº368/1968).

Por fim, a Súm. nº13 do TST, garante que nos casos de reclamação trabalhista, ainda que o empregador efetue o pagamento dos salários atrasados em audiência, é legal a manutenção da rescisão.

13.5.5. PRÁTICA DE ATO LESIVO À HONRA E À BOA FAMA

Falta semelhante à prevista nas hipóteses de justa causa, a ofensa física ou verbal praticada pelo empregador ou qualquer de seus prepostos **contra o empregado ou pessoas de sua família**, poderá ensejar na rescisão indireta do contrato de trabalho.

Atente-se que o texto de lei garante que a rescisão também poderá ocorrer se o ato for praticado contra algum integrante da família do empregando, não sendo necessário que o ato lesivo seja diretamente contra ele.

13.5.6. OFENSAS FÍSICAS

Será causa de rescisão indireta quando o empregador ou qualquer de seus prepostos agredir fisicamente o empregado, salvo se o ato for caso de legítima defesa.

13.5.7. REDUÇÃO DE TRABALHO DO EMPREGADO

O empregador que, objetivando a redução salarial, reduza as atividades laborais do trabalhador, terá o contrato rescindido de forma indireta.

13.5.8. MORTE DO EMPREGADOR

Ademais, o §2º do mesmo artigo garante ao empregado a decisão de permanecer ou não na empresa após a morte de seu empregador, quando constituído em firma individual.

13.5.9. SUSPENSÃO SUPERIOR A 30 DIAS

Por fim, no art. 474, da CLT, há a previsão legal de que, caso a suspensão dada ao empregado, em decorrência de más condutas por ele cometidas, ultrapasse o prazo de 30 dias, poderá tal suspensão ser convertida em rescisão contratual indireta.

Ainda, o funcionário deverá assinar o termo de suspensão constando a data e os motivos da suspensão. A assinatura deve ser feita na presença de duas testemunhas.

13.6. RESCISÃO CONTRATUAL ACORDADA

A Reforma Trabalhista trouxe nova modalidade de rescisão, dessa vez, visando a razoabilidade para os casos em que empregado e empregador desejam de forma mútua, extinguir a relação de emprego.

Dessa forma, os encargos referente às verbas trabalhista não serão tão onerosas para nenhuma das partes, havendo justa divisão. Prevê o art. 484-A da CLT que, após a rescisão por acordo, o aviso prévio será devido pela metade se indenizado e haverá indenização sobre o saldo do FGTS. As demais verbas trabalhistas deverão ser pagas em sua integralidade.

Ainda, o mesmo artigo define que a rescisão do contrato por meio de acordo permite a movimentação da conta bancária vinculada ao FGTS, limitando-a em até 80% dos depósitos realizados. Porém, essa modalidade de rescisão não garante o seguro-desemprego.

Rescisão Contratual Acordada
50% do aviso prévio
20% da indenização sobre o saldo do FGTS
Demais verbas serão pagas em sua integralidade
Movimentação de até 80% da conta vinculada ao FGTS
* Não há seguro-desemprego

13.7. CULPA RECÍPROCA

Se caracteriza a culpa reciproca quando, **simultaneamente, empregado e empregador cometem falta grave.** As faltas não precisam ser de mesma intensidade, porém, devem ser proporcionais e devem acontecer no mesmo momento. Além disso, a culpa recíproca estará descaracterizada se comprovada a legítima defesa por uma das partes.

É igualmente importante observar se houve nexo de causalidade e contemporaneidade entre as condutas. Ou seja, é necessário que haja uma conexão entre as faltas cometidas e que estas ocorram uma seguida da outra. Por exemplo: Thanise comete rigor excessivo contra seu funcionário Luciano. Caso Luciano, após dois meses do ocorrido, busque vingança praticando atos levisos contra a honra de Thanise, não haverá a culpa recíproca por falta do nexo de causalidade e concomitância dos atos.

Todavia, se presente os requisitos da culpa recíproca, todas as verbas que seriam devidas em uma rescisão indireta do contrato de trabalho serão reduzidas pela metade nessa modalidade de rescisão, inclusive a indenização do FGTS. Nessa modalidade o seguro-desemprego não será devido.

Culpa Recíproca
Duas faltas graves
Proporcionalidade entre as faltas
Faltas concomitantes
Nexo de causalidade

13.8. PLANO DE DEMISSÃO VOLUNTÁRIA

O Plano de demissão voluntária (PDV) é o instituto utilizado pela empresa quando há a intenção de redução significativa do quadro de funcionários, pois, por meio do PDV, o próprio empregado pede a demissão, diminuindo os prejuízos da empresa com as verbas trabalhistas que seriam devidas em uma demissão sem justa causa.

O PDV surgiu para evitar que as empresas fossem à falência por causa de crises políticas e econômicas que frequentemente se instalam em todo o país. O plano auxilia o empresário em dois aspectos: primeiro, é possível diminuir os gastos reduzindo a quantidade de funcionários. Posteriormente, o PDV auxilia na redução dos valores referente a verbas rescisórias devidas após a demissão.

Assim, em troca de benefícios financeiros, pede-se que o pedido de demissão seja de iniciativa dos empregados aderentes ao plano. Importante destacar aqui que **o empregado não é obrigado a aderir ao** PDV, sendo uma escolha totalmente voluntária.

Ademais, para que isso seja possível, é necessário que haja acordo e negociação com o sindicato da categoria dos empregados.

Por fim, é de enfatizar que, na maioria das vezes, o aceite ao pacote do Plano de Demissão Voluntária acarreta renúncia de alguns direitos trabalhistas que poderiam ser pleiteados futuramente na Justiça do Trabalho, dando-se o contrato por quitado. Por isso é de suma importância o acompanhamento pelo sindicato da categoria.

01. Ano: 2022 Banca: Centro de Seleção e de Promoção de Eventos UnB - CESPE CEBRASPE Prova: CESPE/CEBRASPE - PGE RJ - Analista Processual – 2022

Em determinada empresa, aberto procedimento interno para a apuração de denúncia, constatou-se que determinado empregado — membro da CIPA — tentou, mediante o uso da própria força, beijar na boca uma colega de trabalho durante o expediente. Com base nessa constatação, a empresa dispensou o empregado por justa causa.

Acerca dessa situação hipotética, julgue os itens que se seguem com base no entendimento do TST e nos dispositivos legais insertos na CLT.

É devido o aviso prévio ao empregado, que terá direito a 50% do valor correspondente ao aviso prévio integral.

( ) Certo

( ) Errado

02. Ano: 2022 Banca: Fundação La Salle Prova: Fundação La Salle - PROCERGS - Advogado Trabalhista – 2022

Em uma determinada empresa o empregador Rafael se dirigiu até o empregado Felipe e cobrou mais empenho nas suas atividades. O empregado não recebeu a cobrança de forma amigável e desferiu xingamentos ao empregador que, por sua vez, também xingou o empregado. Após as ofensas mútuas e concomitantes o contrato de trabalho se extingue por culpa recíproca.

Assinale a opção correta quanto ás consequências do rompimento do vínculo empregatício.

A)   Será devido ao empregado as mesmas verbas rescisórias que ele teria direito em caso de despedida sem justa causa.

B)   O empregado receberá todas as verbas rescisórias cheias, exceto a multa referente ao FGTS que será pela metade.

C)   O empregado terá direito a 50% do valor do aviso prévio, do décimo terceiro salário e das férias proporcionais. Já a multa do FGTS será devida de forma integral.

D)   O empregado terá direito a 50% do valor do aviso prévio, do décimo terceiro salário e das férias proporcionais. Terá também direito a 20% de indenização sobre o montante do FGTS, à título de multa.

E)   O empregado terá direito a 50% do valor do aviso prévio, do décimo terceiro salário e das férias proporcionais. Terá também direito a 40% de indenização sobre o montante do FGTS, à título de multa.

03. Ano: 2022 Banca: Centro de Seleção e de Promoção de Eventos UnB - CES-PE CEBRASPE Prova: CESPE/CEBRASPE - Prefeitura de Pires do Rio - Procurador Jurídico – 2022

João, empregado da empresa Alfa, foi condenado criminalmente por acidente de trânsito. A empresa, após tomar conhecimento da decisão judicial, demitiu João por justa causa e não lhe pagou nenhuma verba trabalhista. Inconformado, João ajuizou reclamação trabalhista, pleiteando a nulidade da demissão, sob a alegação de que a condenação criminal não havia transitado em julgado e que o ato criminoso tinha sido cometido fora das dependências da empresa. Alegou, ainda, que a empresa Alfa possui norma interna que prevê que qualquer sanção a empregado deve ser apurada mediante sindicância prévia. Requereu, por fim, a reintegração ao emprego e o pagamento de todas as verbas referentes ao período em que esteve afastado em decorrência da demissão ilegal.

Considerando essa situação hipotética e aspectos a ela relacionados, julgue os itens que se seguem.

De acordo com a doutrina, está correto o argumento de João no sentido de que há nulidade da sua demissão, porquanto, para que restasse configurada a justa causa, seria necessário que o crime tivesse sido cometido dentro das dependências da empresa.

( ) Certo
( ) Errado

04. Ano: 2022 Banca: Fundação Carlos Chagas - FCC Prova: FCC - TRT 5 - Técnico Judiciário - Área: Administrativa - 2022

Considere:

I. Sócrates agrediu fisicamente um colega de trabalho que estava batendo em outro companheiro de trabalho.

II. Hipócrates é apostador contumaz em corridas de cavalo.

III. Hera negocia habitualmente no ambiente de trabalho, dentro do horário de expediente, prejudicando o ambiente, produtos de beleza, sem a permissão do empregador.

IV. Platão, motorista de ambulância profissional para seu empregador, perdeu a habilitação por conduta culposa.

Com base na Consolidação das Leis do Trabalho, são passíveis de rescisão do contrato de trabalho por justa causa as hipóteses descritas apenas em:

A) I, II e IV.
B) I e III.
C) II e III.
D) II e IV.
E) I e IV.

05. Ano: 2021 Banca: Fundação Getúlio Vargas - FGV Prova: FGV - OAB - Advogado - XXXII Exame de Ordem Unificado – 2021

Bruno era empregado em uma sociedade empresária, na qual atuava como teleoperador de vendas on-line de livros e artigos religiosos, usando, em sua estação de trabalho, computador e headset. Em determinado dia, o sistema de câmeras internas flagrou Bruno acessando, pelo computador, um site pornográfico por 30 minutos, durante o horário de expediente. Esse fato foi levado à direção no dia seguinte, que, indignada, puniu Bruno com suspensão por 40 dias, apesar de ele nunca ter tido qualquer deslize funcional anterior.

Diante da situação apresentada e dos termos da CLT, assinale a afirmativa correta.

A) A punição, tal qual aplicada pela empresa, importa na rescisão injusta do contrato de trabalho.

B) A punição é compatível com a gravidade da falta, devendo Bruno retornar ao emprego após os 40 dias de suspensão.

C) A empresa deveria dispensar Bruno por justa causa, porque pornografia é crime, e, como não o fez, considera-se perdoada a falta.

D) A empresa errou, porque, sendo a primeira falta praticada pelo empregado, a Lei determina que se aplique a pena de advertência.

01. Errado. Aqui a questão exigiu do candidato o conhecimento das verbas rescisórias devidas em uma demissão por justa causa. Nas demissões por justa causa as verbas devidas serão as férias vencidas e o saldo de salário, apenas.

02.

A) Errada. As verbas serão devidas pela metade.

B) Errada. As verbas serão devidas pela metade.

C) Errada. As verbas serão devidas pela metade, inclusive a multa do FGTS.

D) Correta. Com fundamentação no art. 484, da CLT e Súmula nº 14, do TST, na rescisão contratual por culpa recíproca, com relação às verbas rescisórias, serão devidos o aviso prévio, o 13º salário e as férias na proporção de 50% ao que seria pago normalmente em uma rescisão sem justa causa. Além disso, será devido 20% sobre o depósito do FGTS (metade do percentual normal de 40%) e a possibilidade de movimentação da conta vinculada.

E) Errada. A multa do FGTS será devida pela metade (20%).

03. Errado. A banca CESPE tem o hábito de misturar informações corretas com erradas, a fim de confundir o candidato e levá-lo ao erro. Por isso, atente-se sempre nos detalhes da questão.

Realmente, no caso narrado, é certo o argumento do João no sentido de que ainda não houve trânsito em julgado de sua condenação, devendo-se anular a demissão. Porém, a questão acrescenta mais uma informação, desta vez, falsa. Não é necessário que o crime ocorra dentro das dependências da empresa, bastando que a condenação criminal do empregado tenha transitado em julgado e **não tenha** havido suspensão da execução de sua pena. O fundamento está no art. 482, alínea "*d*", da CLT.

04.

A) Errada: Afirmativa I: Sócrates agiu em legítima defesa, **afastando a possibilidade da demissão por justa causa**; Afirmativa II: Hipócrates é praticante habitual de jogos de azar, caracterizando uma das formas de justa causa previstas em lei; Afirmativa IV: Platão, apesar de ter perdido sua carteira de habilitação profissional, **não poderá ser dispensado por justa causa**, visto que a perda ocorreu por conduta CULPOSA.

B) Errada: Afirmativa I: Sócrates agiu em legítima defesa, **afastando a possibilidade da demissão por justa causa**; Afirmativa III: A negociação habitual constitui justa causa para a rescisão do contrato de trabalho.

C) Correta: Afirmativa II: Hipócrates é praticante habitual de jogos de azar, caracterizando uma das formas de justa causa previstas em lei; Afirmativa III: A negociação habitual constitui justa causa para a rescisão do contrato de trabalho.

D) Errada: Afirmativa II: Hipócrates é praticante habitual de jogos de azar, caracterizando uma das formas de justa causa previstas em lei; Afirmativa IV: Platão, apesar de ter perdido sua carteira de habilitação profissional, **não poderá ser dispensado por justa causa**, visto que a perda ocorreu por conduta CULPOSA.

E) Errada: Afirmativa I: Sócrates agiu em legítima defesa, **afastando a possibilidade da demissão por justa causa**; Afirmativa IV: Platão, apesar de ter perdido sua carteira de habilitação profissional, **não poderá ser dispensado** por justa causa, visto que a perda ocorreu por conduta CULPOSA.

05.

A) Correta: A questão, muito bem elaborada, tentou induzir o candidato ao erro ao narrar uma falta grave cometida pelo empregado que deixou de ser passível de justa causa devido à forma de punição adotada pela empresa: suspensão de 40 dias. Estudamos anteriormente que a suspensão quando superior a 30 dias, será causa de rescisão indireta do contrato de trabalho. Dessa forma, alternativa correta.

B) Errada: A CLT permite suspensões de até 30 dias.

C) Errada: A empresa poderia dispensar o empregado por justa causa por ato de mau procedimento. Porém, ao optar pela suspensão de 40 dias, a justa causa se converte em rescisão indireta do contrato de trabalho.

D) Errada: A conduta praticada pelo empregado está prevista na CLT como uma das hipóteses de dispensa por justa causa.

14 DIREITO COLETIVO DO TRABALHO

Podemos conceituar o Direito Coletivo como um ramo do Direito do Trabalho que estuda e regula as organizações sindicais e as negociações coletivas, além de tutelar os conflitos coletivos de trabalho e as representações não sindicais ou mista dos trabalhadores de determinada empresa.

14.1. SINDICATO

No dicionário, sindicato significa uma associação de indivíduos da mesma classe ou profissão, que buscam defender os interesses classistas, profissionais ou econômicos.

Claramente a figura do sindicato surgiu para limitar o poder dos empregadores e instruir os trabalhadores em todas as decisões que pudessem, de alguma forma, ser prejudiciais a eles. A priori, o sindicato era vinculado ao Estado, porém, desde a promulgação da Convenção nº 87 da OIT, existe a liberdade sindical. Com previsão na CF/88, os sindicatos não podem ser suspensos ou extintos, além de não ser possível a criação de mais de um sindicato da mesma categoria dentro de um mesmo município.

Para que seja possível se manter financeiramente sem a ajuda do Estado, a legislação prevê alguns tipos de contribuições, quais sejam: a contribuição sindical e federativa (art.8º, IV, da CF/88) e; a contribuição mensal e assistencial dos sócios (art.548, b e art. 513, e, ambos da CLT).

Ainda, importante destacar entendimento do TST e STF que estabelece que a contribuição confederativa e assistencial só será devida pelos empregados sindicalizados, sendo **vedado o desconto salarial dos demais empregados**.

14.2. CATEGORIA PROFISSIONAL DIFERENCIADA

Primeiramente, podemos explicar a categoria como sendo um grupo de trabalhadores com afinidades nas funções e profissões exercidas. A categoria diferenciada está prevista no art. 511, §3º, da CLT:

> **Art. 511, § 3º, da CLT:** Categoria profissional diferenciada é a que se forma dos empregados que exerçam profissões ou funções diferenciadas por força de estatuto profissional especial ou em consequência de condições de vida singulares.

Ou seja, podemos extrair do art. que a categoria diferenciada é composta por empregados que tenham suas **profissões e funções regulamentada por estatuto** especial ou em consequência de condições de vida singulares.

Como exemplo, suponhamos que dentro de uma metalúrgica existam profissionais médicos que atuam na área de segurança, advogados atuantes no setor jurídico, engenheiros que desenvolvam os projetos, dentre diversos outros profissionais que tenham sua profissão regulamentada por estatuto especial.

Repare que existem vários profissionais com categorias diferenciadas (regulamentados por estatuto especial), trabalhando juntamente com a categoria predominante na empresa: a metalúrgica.

Agora, suponhamos que essa empresa feche um acordo com o sindicato dos metalúrgicos, apenas. Como ficarão os profissionais das categorias diferenciadas? Eles deverão obedecer as regras do acordo fechado com a categoria dos metalúrgicos, mesmo não sendo esta a sua categoria real?

Depende. Nesse caso, deverá ser observada se houve participação dos sindicatos das categoria diferenciadas (médicos, advogados etc) na negociação coletiva juntamente com o sindicato dos metalúrgicos.

Se houve a **participação ativa** dos sindicatos das categorias diferenciadas nas reuniões de negociação, haverá a possibilidade de exigência dos termos do acordo coletivo pelos profissionais das categorias diferenciadas.

Diante disso, entende-se que **a regra é que deverá o empregado se associar ao sindicato que representa a mesma categoria da profissão e função exercida**. Todavia, após a leitura do art. 511, §3º, da CLT é possível identificar a possibilidade da exceção da categoria diferenciada.

Dentre as diversas categorias diferenciadas existentes, citamos algumas como exemplo: Aeroviários; Classificadores de produtos de origem vegetal; Condutores de veículos rodoviários; Profissionais de enfermagem; Jornalistas; Modelos; Músicos profissionais; Professores; Publicitários etc.

14.3. CONFLITOS COLETIVOS E SUAS SOLUÇÕES

Os conflitos coletivos de trabalho, como o próprio nome sugere, são conflitos que surgem entre os empregados e os empregadores. Quando esse conflito se torna coletivo, ele automaticamente se estende a todos os empregados daquela categoria.

A doutrina apresenta algumas formas para solucionar os conflitos coletivos. Vamos detalhá-las a seguir.

a. Autodefesa

Na autodefesa, não há interferência de terceiros para a solução do conflito. O interessado, por si só, realiza a defesa de seus próprios interesses. É o caso da greve, por exemplo. Aqui temos uma única pessoa realizando sua própria solução de conflito.

b. Autocomposição

Quando as partes resolvem o problema entre si, novamente sem intervenção de terceiros, ocorre o que chamamos de autocomposição. Como exemplo, temos o acordo e a convenções coletivas.

c. Mediação

Na solução por mediação, existe um mediador que auxilia as partes a chegarem num consenso. Porém, lembre-se que o mediador não expões opiniões próprias, apenas ajuda na comunicação das partes.

d. Arbitragem

A diferença entre mediação e a arbitragem se encontra no poder do terceiro envolvido que, na arbitragem, poderá impor suas vontades para o deslinde do acordo.

A arbitragem nos conflitos coletivos possui amparo na Constituição Federal, em seu art. 14, §§1º e 2º.

e. Comissões de conciliação prévia

As comissões de conciliação prévia surgiram com o intuito de desafogar o judiciário com a solução dos conflitos de forma extrajudicial. Com previsão na Lei nº 9.958/2000 e na própria CLT, a comissão poderá ser formada tanto pelas empresas quanto pelos sindicatos.

Ainda, ressalto que por muito tempo houve divergências de entendimento com relação a interpretação do art. 625-D da CLT, que declara que qualquer demanda trabalhista deverá se submeter à conciliação prévia. Porém, o dispositivo acabava por restringir o acesso do obreiro à Justiça. Assim, o STF passou por interpretar o art. como algo facultativo para o obreiro.

A comissão de **conciliação prévia**, quando **constituída pela empresa**, deverá observar as seguintes regras:

I. Há de se ter composição paritária com a mesma quantidade de empregadores e empregados (empregados serão eleitos por voto secreto);

II. Cada grupo (empregados e empregadores) poderá ser constituído com o mínimo de 2 e o máximo de 10 membros;

III. O mandado dos representantes terá validade de 1 ano, sendo possível uma recondução;

IV. Os representantes dos trabalhadores terão direito à estabilidade desde o momento da candidatura até o final do mandato, se eleito.

Por outro lado, nas comissões de **conciliação prévia sindical**, a organização será feita pelo próprio sindicato, onde serão usadas as negociações coletivas como base para a comissão.

Ainda, da conciliação, existem três possibilidades de resultados:

I. **Acordo:** Momento no qual dar-se-á a quitação completa dos direitos trabalhistas, não sendo possível, em regra, o posterior ajuizamento de ação no judiciário para reaver tais direitos. A exceção está para os casos que for possível comprovar vício no acordo. Nesses casos, o empregado poderá ajuizar uma ação trabalhista para rescindir o procedimento extrajudicial.

II. **Não conciliação:** Caso a conciliação seja infrutífera ou ante a ausência de uma das partes, a comissão deverá fazer um termo constando a frustração da negociação e esta servirá para embasar uma ação judicial.

III. **Acordos com ressalva:** Além das duas hipóteses acima mencionadas, poderá haver a realização de um acordo com ressalva, o que permite a possibilidade de futuramente ingressar com uma ação judicial para reaver os direitos ressalvados.

14.4. NEGOCIAÇÃO COLETIVA

A negociação coletiva é gênero que comporta duas espécies: acordo e convenção. A diferença entre as duas está nos sujeitos participantes da negociação e no alcance das normas previstas em cada uma. Vejamos:

a. Acordo coletivo

Com previsão no art. 611, §1º, da CLT, o acordo coletivo é o instituto que garante aos sindicatos e às empresas uma otimização das relações trabalhistas, onde contém regras e normas especificas sobre determinado assunto, função ou categoria. Ainda, nos termos do art. 8º, VI, da CLT, é obrigatória a presença do sindicato nas negociações coletivas de trabalho.

Ou seja, o acordo coletivo surge quando o sindicato dos trabalhadores pactuam com a empresa sobre determinado assunto trabalhista, sem a intervenção do judiciário.

Além disso, no acordo coletivo a aplicação das normas prevista no acordo se restringe apenas aos participantes da negociação.

b. Convenção coletiva

Na convenção coletiva a negociação ocorre entre sindicatos (sindicato dos trabalhadores e sindicato da categoria econômica da empresa), diferentemente do acordo coletivo, onde a negociação é feita pelo sindicato diretamente com a empresa.

Ainda, outra diferença aqui presente é com relação a abrangência das normas. Na convenção coletiva as normas valerão para toda a categoria dos respectivos sindicatos (trabalhadores e empregadores), inclusive para aqueles trabalhadores que não são filiados ao sindicato.

Importante lembrar que tanto os acordos quanto as convenções coletivas terão validade de até 2 anos, sendo vedada a sua ultratividade (art.614, §3º, da CLT) e; consoante o art. 620 da CLT, as condições estabelecidas em acordo coletivo **sempre** prevalecerão sobre as estipuladas em convenção coletiva de trabalho.

Atente-se aqui às pegadinhas das provas, onde o examinador poderá tentar trocar as palavras para induzir o candidato ao erro.

Acordo Coletivo		Convenção Coletiva
Acordo sempre prevalece sobre convenção		Acordo sempre prevalece sobre convenção
Negociação entre sindicato dos empregados e a empresa	VS	Negociação entre sindicato dos empregados e sindicato da empresa
Abrangência se restringe apenas aos participantes da negociação		A negociação se estende para toda a categoria dos sindicatos participantes
Validade de até 2 anos		Validade de até 2 anos

✦ EXERCÍCIOS DE FIXAÇÃO

01. Ano: 2021 Banca: SELECON Instituto Nacional de Seleções e Concursos - SELECON Prova: SELECON - EMGEPRON - Analista de Projetos Navais - Área: Analista de Recursos Humanos - Folha de Pagamento - 2021

Convenção coletiva de trabalho é um acordo entre:

A) Empregado e empregador, para a estipulação de normas e condições de trabalho para algumas categorias, servindo para resolver situações adversas

B) Sindicato de empregados e sindicato de empregadores para estipulação de normas, que dispõe sobre as condições mínimas de trabalho da categoria, como por exemplo, pisos salariais, benefícios etc.

C) Ministério do Trabalho e Emprego - MTE e empresa, para resolver questões relacionadas aos salários dos empregados, conforme especificado na CLT

D) Patrão e empregado, que fica estabelecido dentro de cada empresa e depois é assinado no sindicato relacionado ou no MTE, para resolver pendências existentes acumuladas dentro do ano vigente.

02. Ano: 2018 Banca: Fundação para o Vestibular da Universidade Estadual Paulista - VUNESP Prova: VUNESP - IPSM - Procurador - 2018

Nos termos da Consolidação das Leis do Trabalho, as condições estabelecidas em acordo coletivo de trabalho:

A) Prevalecem sobre as estipuladas em convenção coletiva de trabalho, quando mais favoráveis ao trabalhador.

B) Sempre prevalecem sobre as estipuladas em convenção coletiva de trabalho.

C) Não prevalecem durante a vigência de convenção coletiva de trabalho aplicável aos integrantes da categoria profissional.

D) Dependem de homologação judicial para ter eficácia erga omnes.

E) Não podem ser estipuladas pelo prazo máximo de um ano.

01.

A) Errada: A convenção coletiva acontece entre sindicato do empregador e sindicato do empregado.

B) Correta: Art. 611 CLT - Convenção Coletiva de Trabalho é o acordo de caráter normativo, pelo qual dois ou mais Sindicatos representativos de categorias econômicas e profissionais estipulam condições de trabalho aplicáveis, no âmbito das respectivas representações, às relações individuais de trabalho.

C) Errada: A convenção coletiva acontece entre sindicato do empregador e sindicato do empregado.

D) Errada: A convenção coletiva acontece entre sindicato do empregador e sindicato do empregado.

02.

A) Errada: Um dos poucos casos do mundo jurídico que não comportam exceções. Os acordos SEMPRE prevalecerão sobre as convenções.

B) Correta: As negociações de acordo coletivo sempre prevalecerão sobre as negociações em convenções coletivas.

C) Errada: As negociações de acordo coletivo sempre prevalecerão sobre as negociações em convenções coletivas.

D) Errada: Não dependem de homologação judicial para ter eficácia.

E) Errada: Art. 614, §3º, da CLT: Não será permitido estipular duração de convenção coletiva ou acordo coletivo de trabalho **superior a dois anos**, sendo vedada a ultratividade.

REFERÊNCIAS

ASQUINI, Alberto. Perfis da empresa. Revista de Direito Mercantil, Industrial, Econômico e Financeiro, São Paulo, RT. 1996. p. 109 e s. NASCIMENTO, Amauri Mascado. Iniciação ao Direito do Trabalho. 2013.

FUHRER, Maximilianus Cláudio Américo. FUHRER, Maximilianus Roberto Ernesto. Resumo de direito do trabalho, 10ªedição. 2002.

FUHRER, Maximilianus Cláudio Américo. FUHRER, Maximilianus Roberto Ernesto. Resumo de direito do trabalho, 10ªedição. 2002.

PAULO, Vicente. ALEXANDRINO, Marcelo. Manual de Direito do Trabalho. 14ª edição. 2010

Ronald H. Coase. The nature of the firm. In: The firm, the market and the Law. Chicago: University of Chicago Press, 1988. p. 7.

NASCIMENTO, Amauri Mascado. Iniciação ao Direito do Trabalho. 2013

MARTINS, Sergio Pinto. Direito do Trabalho

PAULO, Vicente. ALEXANDRINO, Marcelo. Manual de Direito do Trabalho. 14ª edição. 2010

CONTRATOS DE DIREITO DO TRABALHO E DESPORTIVO. Sergio soeiro da silva. 1 ed. São Paulo Platos Soluções Educacionais S.A 2021

CATHARINO. José Martins. Tratado Jurídico de Salário.

PAULO, Vicente. ALEXANDRINO, Marcelo. Manual de Direito do Trabalho. 14ª edição. 2010

RUSSOMANO, Mozard Victor. Comentários à CLT.13 ed. Rio de Janeiro,1990.

DELGADO, Maurício Godinho. Curso de Direito do Trabalho. 18 ed. São Paulo, 2018.

ALMEIDA, Isis de. Manual de Direito Individual do Trabalho. São Paulo: LTr, 1998.

BERNARDES, Hugo Gueiros. *Direito do Trabalho*. V. I. São Paulo: LTr, 1989.

CATHARINO, José Martins. *Compêndio de Direito do Trabalho*. V. I e II. São Paulo: Saraiva, 1982.

CARVALHO, Augusto César Leite de. *Direito Individual do Trabalho*. 2. ed., Rio de Janeiro: Forense, 2007.

DINIZ, Maria Helena. *Dicionário Jurídico*. V. 2. São Paulo: Saraiva, 1998.

DONATO, Messias Pereira. *Curso de Direito do Trabalho*. São Paulo: Saraiva, 1982.

MARANHÃO, Délio. *Direito do Trabalho*. 14. ed. Rio de Janeiro: Fundação Getúlio Vargas, 1987.

ABREU, Osmani Teixeira de. As relações de trabalho no brasil a partir de 1824. 1 ed. São Paulo, LTr, 2005.

BELTRAN, Ari Possidonio. Direito do Trabalho e Direito fundamentais. 1 ed. São Paulo: LTr, 2002.

MARRAS, Jean Pierre. Relações Trabalhistas no Brasil. E ed. São PAULO: Futura, 2001.

Passe na OAB e comece a advogar RESPONSABILIDADE CIVIL: De acordo com os Enunciados do CJF e jurisprudência eBook Kindle.

Biela Jr. Passe na OAB e comece a advogar RESPONSABILIDADE CIVIL: De acordo com os Enunciados do CJF e jurisprudência. 2.ed. São Paulo: Amazon/Kindle, 2022.

FONTES

https://www.coad.com.br/busca/detalhe_16/1943/Sumulas_e_enunciados

https://www.trt4.jus.br/portais/escola/modulos/noticias/415206

https://www.dicio.com.br/

https://riconnect.rico.com.vc/blog/13-salario

www.planalto.gov.br

https://www.gov.br/trabalho-e-previdencia/pt-br/composicao/orgaos-especificos/secretaria-de-trabalho/inspecao/seguranca-e-saude-no-trabalho/normas-regulamentadoras/nr-05-atualizada-2021-1-1.pdf

https://www.saobernardo.sp.gov.br/documents/10181/20576/DESCRI%C3%87%C3%83O+CIPA_otz.pdf/6030d54a-678e-43d7-a394-f01e8b966beb#:~:text=Page%201-,O%20QUE%20%C3%89%20CIPA%20E%20QUAL%20%C3%89%20SEU%20OBJETIVO%3F,promo%C3%A7%C3%A3o%20da%20sa%C3%BAde%20do%20trabalhador.

https://tangerino.com.br/blog/voce-sabe-o-que-e-salario-complessivo/#:~:text=O%20sal%C3%A1rio%20complessivo%20nada%20mais,valor%20apare%C3%A7a%20de%20forma%20unificada.

https://thomsonreuters.jusbrasil.com.br/doutrina/1198086360/clt-comentada

https://www.qconcursos.com.br/

https://questoes.grancursosonline.com.br/questoes

FSC
www.fsc.org
MISTO
Papel | Apoiando
o manejo florestal
responsável
FSC® C092828

2021
CARBON
NEUTRAL
SAVE
cerrado

editoraletramento

editoraletramento.com.br

editoraletramento

company/grupoeditorialletramento

grupoletramento

contato@editoraletramento.com.br

editoraletramento

editoracasadodireito.com.br

casadodireitoed

casadodireito

casadodireito@editoraletramento.com.br

GRUPO ED.
LETRAMENTO